하이퍼
인플레의 역습

발행 / 2013년 2월 7일
엮은이 / 머니트리 편집부
펴낸이 / 노성호
펴낸곳 / 주식회사 뿌브아르
홈페이지 / www.emoneytree.co.kr

출판등록 / 2008년 12월 16일 제 302-2006-00051호
주소 / 서울시 중구 신당2동429-13 리오베빌딩201호
전화 / 02-774-2545,2546
팩스 / 02-774-2544

하이퍼
인플레의 역습

실물자산 급등의 징후

이호석/전영진 지음

목차

자산시장, 새로운 사이클의 진실

경기 침체를 극복하기 위하여 금리가 역대 최저로 내려간 상태지만 마땅한 투자처가 없어 채권과 일부 안전 자산에 자금이 몰리고 있다. 불과 5년 전인 2007년도 말 이전까지 대한민국의 투자방향은 차이나펀드나 부동산이 아니면 안 된다는 식의 논리가 팽배해 많은 돈들이 그쪽으로 몰려 갔었다. 그때와 달리 지금은 현금의 유동성이 크게 늘어났지만 투자할 대상은 줄어든 상황이다.

2004년도에서 2007년도까지 차이나펀드와 부동산의 투자 열풍은 경이로웠다. 지금 생각해보면 흔히들 말하는 대세 상승기에 일반 투자자들이 끝물을 탄 것이다.

대세 상승기에는 주식이나 부동산같은 대표 자산들이 투자자들의 세부적 분석 없이 오른다는 것을 우리는 그 당시 체험하였다. 하지만 그러한 행동의 위험성도 지금은 충분히 인지한 상태이다. 반대로 경기가 하락하고 있는 대세 하락기에는 어떤 자산을 구입하여도 성공할 확률이 그렇게 높지 않다는 것을 우리는 지금 체험하고 있다.

2007년말 이전, 투자자가 만일 우리나라 30대 기업의 주식을 골고루 보유하였다면 이 중 최소한 20개 이상은 가격 상승을 하였을 것이다. 또한 서울시내의 재개발·재건축 지역 중 어떤 지역을 구매하였어도 가격이 상승하는 경험을 하였을 것이다. 어디에 어떻게 투자하냐에 대하여 많은 연구를 하지만 더 중요한 건 결국 경기 상승이나 하락과 같은 '언제'에 포커스를 두고 투자하여야 더 큰 수익을 기대할 수 있다는 결론이 된다.

주식, 채권, 부동산도 전체 자산시장의 한 부분을 차지할 뿐이며 이 자산들은 경기라는 큰 흐름 안에서 상승과 하락을 반복하는 사이클을 가지고 있다. 또한 그 경기라는 큰 흐름 안에서도 주식, 원자재, 부동산, 채권 자산들의 독자적인 사이클 순서가 서로 맞물려 돌아가고 있었던 것이다. 결론적으로 투자에 있어서 가장 중요한 부문은 경기의 흐름을 파악하는 것과 그 흐름 안에서 각 자산들이 어떻게 맞물려 순서대로 움직이는지의 메커니즘을 파악하는 것이 된다.

이 책의 출간을 위해 경기 사이클의 파악을 연구하면서 장애물이 되었던 것은 정보 수집의 어려움이었다. 일반적인 경기 흐름 관련 자료는 각종 연구기관과 언론을 통하여 많이 접할 수 있었지만 특히, 부동산에 관해서는 다양한 자료를 찾기가 어려웠다. 솔직히 자료를 찾는다기보다는 경기라는 큰 틀 안에서 다른 자산과의 연관성을 찾기가 힘들었다고 보는 것이 더 정확한 표현인 것 같다.

　우리나라 가계 자산의 70% 이상을 차지하고 있어 명실상부 대표 자산이 부동산이지만 실제로 부동산의 가격이 어떠한 메커니즘으로 움직이는지에 관한 구체적인 자료들이 사실 거의 없었다. 있다고 하더라도 대부분 '부동산 대폭락…' '부동산 대 폭등 예상 지역' 이라는 형식의 극단적인 양론, 또는 목적 논리의 자료들이 대부분이었다. 한번 주장된 내용은 컨셉 또는 색깔이 되어 시장이 바뀌어 감에도 끝까지 주장해야 하는 이상한 상황이 전개되는 듯 보였다.

　반면 주식과 같은 특정 투자자산들은 시중에 정보가 너무 많아서 어떤 자료를 취해야 할지, 어떤 자료를 버려야 할지에 관해 고민해야 할 지경이었다. 현재 상황에서 좀더 가중치를 주어야 할 데이터에는 어떤 것이 있는지를 판단하는 것이 생각보다 쉽지 않았다. 데이터의 선택에 의해 투자의 전략이 바뀌기 때문이다.

　부동신도 주식과 같은 자산 중의 한 부분으로서 대세 상승기인지 하락기인지를 판단하여야 한다. 그러기 위해선 글로벌 경기의 상황을 먼저 알아야 한다.

　대세 하락인지 상승인지 파악되었다면 그 안에서도 경기 사이클의 진입 정도에 따라서 하락기이면 하락 초기인지 바닥 부문인지를 파악하는 일이 우선 되어야 한다.

　이유는 사이클의 진행 정도에 따라서 투자의 전략이 달라질 수 있기 때문이다. 이는 주식 사이클이 1)회복기 ➡ 2)확장기 ➡ 3)둔화기 ➡ 4)수축기중 어디냐에 따라 투자해야 할 산업과 기업이 달라져야 하는 것과 같은 이유이다.

이 책의 목적은 명확해 졌다. 즉,

1) 지금 상황이 경기 상승이냐, 하락이냐?

2) 상승과 하락의 사이클 안에서 어느 구간에 위치해 있는가를
    우리는 어떻게 알 수 있나?

3) 현재의 위치에서 어떤 상품을 투자해야 하나?

4) 변수가 될만한 변화들은 없나?

들의 물음과 판단의 기준이 되는 자료들을 만드는 것이다.

이런 질문들의 해답을 찾기 위하여

첫 번째, 글로벌 경기가 어떤 식으로 부동산과 같은 실물 자산에
영향을 미치나를 설명하려 하였다. IMF이후 자본시장이 개방되면서
국내자산 시장은 외부적인 영향에 더욱 민감하게 반응하고 있다. 특
히 글로벌 유동성의 정도를 파악함으로써 경기흐름이 대세 상승인지
하락인지를 파악할 수 있는 판단의 근거를 제시하였다. 또한, 경기
침체의 탈출을 시도하기 위하여 시도한 유동성 정책들의 정도에 따
라서 앞으로의 버블의 크기를 가능해 볼 수도 있다.

두 번째, 기존의 경기사이클 안에서 유사한 흐름을 나타내는 나라
들을 벤치마킹하여 우리의 현 위치를 찾는 것을 시도하였다. 비록 극
단적인 예들의 국가가 사용되었지만 이들 국가들과 현재 어떤 유사
점과 차이점이 있는지 파악 하는 것이 매우 중요하다. 같은 금융위

기를 겪고 있지만 미국은 회복국면을 보여주고 일본은 장기적인 침체에서 헤어나오지 못하는 상황을 비교하여 우리의 상황을 짚어 보는 것이다. 비슷한 경기환경 내에서 서로 다른 결과를 보여주게 된 요인들을 파악하면 우리의 방향성을 알 수 있기 때문이다.

세 번째, 대세 상승과 하락의 정도와 주의해야 될 특이사항이 어떤 것들인지 파악이 되었다면 현재 어디에 위치해 있으며 앞으로 다가올 시나리오들에는 어떤 것들이 있는지 알아 볼 것이다.

현재 위치를 파악하기 위하여 경기 하락과 상승기의 정도를 파악하였으나 좀 더 객관적인 사이클 파악을 위하여 주글라 파동 및 기타 기술적인 분석을 이용하였다.

네 번째, 어떠한 상품에 투자해야 하는지에 관한 기준이다. 여기서는 각 사이클의 정도에 따라서 다양한 투자상품 중 어떤 부문에 가치 판단의 기준을 두어야 하는지를 알아 볼 것이다.

예를들어 경기 침체기에는 주식과 같은 위험자산보다 좀 더 안전한 채권에 자금이 몰리듯 부동산은 토지와 같은 기본 가치에 충실한 부동산 상품이 가격 하락폭이 작았다.

이 책을 적으면서 지속적으로 스스로에게 던졌던 질문은 독자들에게 판단의 기준을 명확히 제시할 수 있을지에 대한 의문이었다. 특히나 부동산의 경우는 우리나라의 대표 자산임에도 불구하고 정보를 구하기도 쉽지 않았고 정보가 있더라도 신뢰 하기는 더욱 힘든 것이 현실이었다. 그러다 보니 투자 판단의 기준 자체도 지극히 주관적인 것이 많았으며 개인의 경험만을 바탕으로 투자의 기준을 삼는 것이 대부분이었다. 기댈 곳 없는 현실 때문에 더욱 이 책에 애착이 갔는지도 모르겠다.

결국 미래는 '불확실성의 집합'이지만 시장 변화의 변수들을 살펴보아 예측이 가능하도록 판단의 기준을 제시하고 싶었다. 비록 지금 제시하는 판단의 원칙과 기준들을 통해 시장예측이 완벽할 수는 없다 하더라도 최소한 독자들에게 또 다른 판단의 옵션이 될 수 있기를 기대한다.

이호석

이 책이 만들어진 이유

대한민국의 대통령은 누가될까? 에 모든 국민들의 이슈가 집중되고 있던 2012년 10월경, 한강변 망원 유수지 근처에서 소주한잔을 기울이며 우리는 경제에 대하여 토론하고 있었다.

보수와 진보가 바뀌어 가며 정권이 만들어졌지만 우리가 실감하는 생활에선 별반 다르지 않게 흘러갔던 것 같다. 이즈음 되니 "누가되면 어때, 우리에게 중요한 건 세계 경제야" 라는 생각 밖에 늘지 않는다.

앞으로 우리가 만들어가게 될 여러 구조의 큰 그림을 그리며 하나하나 조각을 맞춰가던 그 즈음, 좋은 사람들이 모여 꿈꾸게 될 젊은 기업의 시작에 대한 새로운 시기에 대하여 그리고 방향성에 대하여 고민하고 있던 터였는데 정작 우리에게 더 중요한 건 세계 경제에 대한 전망이 쉽지 않다는 것을 우리는 공감하고 있었다.

"지금 새로운 일을 시작해도 되는 것일까?"

회사를 경영한다는 것은 그저 화려한 아이템에 의해 소비자를 설득하는 과정이라기 보다 기본적인 방향성을 갖는 철학이 있어야 한다고 항상 생각하고 있었지만 바닥을 넘어 지하까지 파고드는 경기의 하락 하에서는 철학도 버텨내기 힘든 구조임을 깨우쳤다.

그날 유수지에서의 술자리,
그런 자리가 항상 그렇듯 토론은 술 기운으로 변해 안주거리 소재를 이 주제 저 주제로 옮겨가며 나름 즐거운 난상 토론으로 이어지고 있었다. 그러던 중 불현듯 우리에게 아주 원초적인 궁금증이 생겨났다.

" 과연 언제부터 경기가 살아날까?" 하는 것이었다.
" 이대로 쭉 나쁠까?" 아님, "언젠가는 다시 살아날까?"

사실 누구나 할 수 있는 그 질문을 새삼 그날 새롭게 인식하게 된 계기는 우리가 새롭게 시작하려는 일에 대한 확신을 갖기 위함이기도 했지만, 더 중요한 건 많은 사람들이 궁금해만 할 뿐, 구체적인 자료를 토대로 검토해 보려 하지 않았다는 점에서였다. 또 하나 경기에 대한 막연한 희망을 데이터로 분석해 보고 싶은 욕구도 한 몫하였다.

'우리 앞으로 일어날 모든 상황에 대하여 자료로 정리해 봄이 어떨까?

그리고 더 많은 우리 같은 사람들을 위해 책으로 보여주고..'

"콜!"

그렇게 우리의 출판계획은 시작되었다.

많은 업무를 데이터와 싸워온 금융공학도 이호석 저자와 현장에서 사업으로만 다져진 나와의 작업은 이렇게 시작되었던 것이다.

미국의 양적 완화가 책을 집필하는 과정에도 끊임없이 쏟아졌다. 엄청 늘어난 달러들이 과연 어디 숨어있다가 다시 움직일지 다시 움직인다면 어떤 상품에서 시작해서 어디로 흘러갈지, 그 많은 유동성이 몇 억 달러니 몇 백억 달러니 하며 숫자로만 뉴스에서 보고 있는데, 이런 수치들이 과연 어느 정도의 규모일지.

이런 의문점들을 하나하나 풀어가며 우리는 확신을 갖게 되었다.

"경기는 사이클이다!"
그리고 "아직 자본주의 경제 구조는 젊다"

미국의 대공항 이후로 자본주의 구조의 근본적 문제에 대한 많은 의구심과 여러 번의 시행착오가 있었지만, 그런 모든 것이 다시 옷 매무새를 가다듬는 바른 길임을 자료를 정리해 가며 알게 되었다. 희망은 믿음이 되고 믿음은 신용이라는 이름으로 새로운 부가이익을 창출하기도 한다.

신용창출 기능인 것이다.

자 이제 그 창출 기능의 발휘 시기를 사이클의 분석으로 주도 면밀하게 파해쳐 보자.

전영진

PART 01

2008년 서브프라임 이후 지금까지

- 세계 금융 위기가 대한민국에 미친 영향
- 경제 위기에 대응하는 주요국 전략의 유사성

➡️

경제 구조에 대한 이해 없이 경제활동을 하는 것은
나의 노력을 누군가에게 본인도 모르게 주는 것이나 다름없다.

세계 금융 위기가 대한민국에 미친 영향

전세계를 움직이는 자본주의의 구조를 먼저 이해하자.

2008년, 경제 쓰나미가 전세계를 강타했다. 미국에서 시작한 금융
위기는 거기서 그치지 않고 유럽까지 전파되어 갔다. 그 여파는 아직
도 전세계인들에게 위기 의식으로 자리하고 있다.

이러한 세계적 위기가 우리나라 대한민국에도 영향을 주었음은 당
연하다. 하지만 1997년 IMF위기를 겪은 우리로서는 사뭇 다른 나라
에 비해 잘 견디고 있는 모습이다.

돌이켜보면, 그런 위기 상황에서도 우리는 많은 것을 배우고 얻고
있다.

그리고 그런 배움 속에서 우리나라 나름의 방향성을 잘 찾고 있는

것이 아닌가하고 자랑스럽게 생각해 본다.

사실, 세계 금융/경제 위기가 작은 대한민국의 한 개인 주머니에도 영향을 미칠 수 있음을 알게 된 것이 우리 개인, 서민들에겐 가장 큰 영향이고 소득이라 할 수 있다. 나만 열심히 일하고 돈만 많이 벌면 될 것 같았지만, 대외 여건에 따라 국내 경기가 함께 안 좋아 질 수 있음을 절감하게 되면서, 이제는 보는 시야를 크게 가져야 함을 모두가 인식하게 되었다.

나 혼자 잘하면 되는 문제를 넘어 전체 구조를 봐야 한다는 경각심을 심어준 것이다.

단지 노력의 대가로 월급을 받아 저금을 하고, 시세 상승으로 이익을 남기는 것만 추구하여서는 앞으로 실질적인 풍요를 기대하기 힘들게 될 것이다. 대외 여건 변화와 국내 물가 상승에 따라, 가지고 있는 자산의 실질 가치가 달라질 수 있기 때문이다.

1997년 IMF 금융위기의 해법은 온 국민이 금을 모으거나 허리띠를 졸라 메고 열심히 일해 돈을 벌어 외국에서 빌려온 부채를 갚는 일에 열중하는 것이었지만, 세계 금융 위기를 겪으면서 우리만 잘한다고 될 일이 아니라는 것을 알게 된 것은 오히려 무엇과도 바꿀 수 없는 값진 소득이다. 이는 '돈을 벌면 저축해야겠다'라는 단순한 발상을 넘어 자본주의 경제 구조의 이해가 선결되어야 함을 인식하는 계기로 발전하게 된다.

학창시절엔 미국과 중동에서 무슨 일이 일어났다고 해도 별로 감응이 없다. 오로지 부모님께서 용돈을 올려주시느냐 그렇지 않느냐가 그 시절엔 가장 큰 관심사였기 때문이다. 하지만 어른이 된 지금은 개인 사업을 영위해온 아버지의 고민이 이해되고 미국과 중동의 문제가 왜 나의 생활 깊숙이 영향을 주는 중요한 변수가 되고 있는지도 이해된다. 아침신문, 오후엔 석간, 저녁에 다시 9시 뉴스, 그렇게 매일 3시간 이상을 뉴스만을 보아야 했는지를 어른이 되어서야 알게 된 것이다. 이렇게 우리는 점점 선진국이 되기 위한 의식의 성숙단계를 거치고 있다. 세계 금융위기라는 큰 아픔을 겪으며 우리는 더욱더 성숙하고 있는 것이리라.

서로 처해있는 상황이 달라서 어느 관점에서 보느냐에 따라 시중의 뉴스가 정보가 되기도 하고 그렇지 않을 수도 있다. 나의 경제적인 판단과 이윤에 크게 영향을 미치지 않는다고 생각하면 그저 스쳐가는 많은 이야기 거리 중 하나가 되고 말기도 한다.

하지만 세계 금융위기의 영향으로 모든 경제 활동은 서로 긴밀하게 연관되어 있음을 우리는 절감한다. 아버지로부터 나왔던 학창시절 용돈의 흐름도 결국 크게는 대외 흐름과 연관이 있음에도 관심의 차이에 의해 잘 몰랐던 시절이 있었던 것과 같은 이치이다.

외국의 자본이 급속도로 우리나라로 밀려들어와 경제의 규모가 커지고, 수출교역의 파이가 커짐으로 해서 어느 순간 직/간접적으로 해외의 경제적 파장이 시차를 두고 피부로 느껴지기 시작하고 있는 것이다.

1997년 IMF 외환위기, 2001년 나스닥 버블붕괴, 2008년 서브프라임 금유 위기 등 외부적 영향으로 일어난 위기와 침체들로 인하여 직접적인 영향을 우리는 실제적으로 받았으며 결국 내부의 시장상황 못지않게 국제정세, 외부환경 변화의 적절한 대응 또한 중요한 요소로 자리매김하게 되었다.

특히, GDP의 50%이상을 수출에 의존하는 우리나라의 경제 구조상 국제정세에 민감한 영향을 받을 수밖에 없는 것이 현실이며, IMF 이후로 외국자본의 투자 규모가 현격히 커진 가운데 자금 이탈의 변동성 또한 커질 수밖에 없는 것도 기정 사실로 일반인들은 받아들이고 있다.

투기성 핫머니라고 나쁘게 보는 경향도 많지만, 그런 돈들마저도 우리나라에서 순간적으로 빠져나가 버리면 주가가 급락하는 나쁜 상황을 우리는 자주 목격한다.

국내에 투자된 외국자본의 이탈이 국내에 아주 큰 영향을 줄 것임에, 그리고 주어 왔음에 분명하다. 반대로 앞으로 국내로 들어올 가능성이 높은 자금들의 향방도 우리는 예의주시 해야 한다.

이번 위기의 시작은 부동산 문제에서 발생

최근 발생한 2008년 금융위기는 기존에 일어났던 위기들과는 심각성에서 그 강도가 다르다고 할 수 있다. 기존의 위기들은 환경의 변화 또는 신종 산업 수익성에 대한 막연한 기대감에서 발생한 경기 상승 후 버블의 붕괴라면 이번 위기는 경제의 근간을 이루고 있는 시스템을 다시 들여다 봐야 하는 원론적 문제라는 점에서 심각함이 다르다 하겠다.

그런 원론적 시스템의 오류가 국가나 기업이 아닌 일반인들의 가계

경제까지 흔들어 놓았다는 점에서 심각성은 더 하다 할 수 있다. 특히 그 부작용의 대상이 한 개인 인생 중 가장 큰 투자와 지출항목으로 자리하는 부동산에서 표면화 되었다는 점을 우리는 주목해야 한다.

사실, 개인의 *레버리지를 통한 부동산 투자의 이면에는

1) 정부의 저금리 통화 정책과
2) **모기지 증권화와 같은 서민경제와 밀접한 관계가 있는 대출시스템
3) 시장의 투기심리

등 여러 가지 상황이 복합적으로 작용한 측면이 강하다 하겠다.

미국 사회에서 인구구조상 가장 큰 비중을 차지하는 ***베이비부머 세대의 집단적 소비파워 성향이 부동산이라는 자산에 집중하여 관심을 갖기 시작하였던 것도 큰 원인 중 하나이다.

2001년 나스닥 붕괴를 통한 디플레이션(대출을 갚아나가는 사람들이 많아지면서 시장의 통화가 줄어드는 현상) 극복의 일환으로 형성된 저금리 정책 기조가 소비자에게 *너징효과를 유발한 것도 큰 요

---

* **레버리지 :** 대출을 일으켜 자기 자본투자를 줄이면서 투자이익은 전체를 통해 누리는 효과, 조금의 자본으로 큰 것을 움직인다 하여 지렛대에 비유함.
** **모기지 증권화 :** 위험 분산을 위한 저당 채권의 증권화.
*** **베이비부머 세대 :** 미국의 베이비부머는 1946년부터 1964년에 출생한 세대로 대략 7,200만명이다. 우리나라나 일본과는 다른 년도의 세대로 구성되어 있음.

인 중 하나이다.

이에 대한 금융권의 파생 상품 개발이 이번 세계경제 위기의 시작점이라 하겠다. 전통적인 방식만으로는 수익성을 찾기 힘든 금융권은 베이비부머의 투자 성향, 저금리와 너징효과로 집중된 이때를 같이하여 보다 더 높은 수익성을 증가시키기 위해 리스크(위험)를 돌려팔 수 있는 모기지 증권화를 만들기에 이른다. 그 여파로, 폭발적인 신용 팽창의 효과(본 책, 본문에서 자세히 다루게 됨)가 만들어져 시장에 부정적 현상을 야기하게 된 것이다.

다음장의 표를 보면 미국의 2001년 가계부채는 8조 달러에서 2008년 14조 달러까지 75% 정도 증가한 것을 알 수 있다. 2008년 말 잔액기준으로 가계부채 비율은 GDP의 거의 100%에 조금 못 미치는 98%까지 늘어난 것이다.

부채의 증가에 크게 한 몫을 한 것이 금융권에서 개발한 부동산 투자에 대한 파생상품들이다. 이러한 상품들은 위험을 분산한다는 모양새 아래 위험을 숨기고 번져갔으며 결국 창조기능을 통해 확대되어 생성된 거품은 다시 부채가 되어 미국시장을 흔들게 되었던 것

---

*Nudge : 팔꿈치로 슬쩍 찌르다 는 뜻의 영어 단어로, 팔을 잡아당기는 것처럼 사람들을 직접적으로 통제하고 억압하기 보다는 팔꿈치로 쿡쿡 찌르는 것과 같이 부드러운 개입을 통해 긍정적 변화를 유도하는 것을 넛지라고 설명. 미국의 행동 경제학자 리처드 탈러와 캐스 선스타인의 저서 〈넛지〉로 유명해짐.

이다.

　이렇게 늘어난 가계의 부채는 이자 비용을 감당하지 못하고 시장에 급매물을 쏟아내게 된다. 이러한 현상은 2008년을 기준으로 거의 일시에 발생했으며 이들로부터 채권을 가지고 있던 금융권도 부실채권을 감당하지 못하여 급기야 그들이 갚아야 될 채무를 떠안게 되기에 이른다. 위험 분산이 결국 위험을 감당해야 하는 주체들의 수적 증가를 야기하게 되었고, 결국 모두 한배를 타고 무너지게 된 것이다. 이렇게 되어 위험분산을 증권화한 회사들은 경영의 어려움을 겪게 되며 급기야 대형투자은행 *리만브라더스가 파산하는 최악

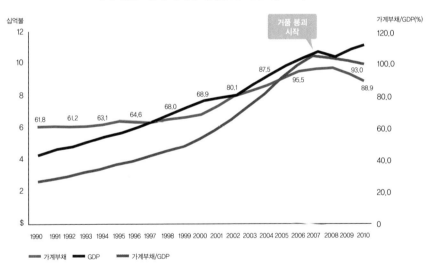

미국 GDP 대비 가계부채 (1990~2010, FRB)

*リ**리먼브라더스홀딩스 (Lehman Brothers Holdings, Inc.) :** 전세계 40개 사무소를 두고 있었던 세계적인 투자금융회사. 미국 서브프라임 모기지 2008년 9월 14일 파산보호 신청을 함.

의 사태까지 진행되게 된 것이다.

　미국의 서브프라임 금융위기를 통하여 미국이 겪고 있는 위기의 패턴은 시차를 두고 유럽과 우리나라에도 영향을 주기 시작하였다. 결국 나스닥 붕괴를 통하여 많은 한국의 IT업체들까지 경영의 어려움을 겪었던 것과 같은 맥락이다.　위기의 전위 현상이며 시간차 공격이다.

　이러한 경기침체를 극복하기 위하여 우리나라가 선택한 방법은 금리인하와 공적 자금을 투입해 경기를 부양시키는 것이었다.　하지만 미국과는 조금 다르게 우리나라는 2003년 카드 대란으로 인해 개인의 신용위험이 도마 위에 올랐었던 경험이 있었으며 정부는 이를 막기 위하여 추가적으로 금리인하 정책을 고수하게 된다.

우리나라의 기준금리 추이

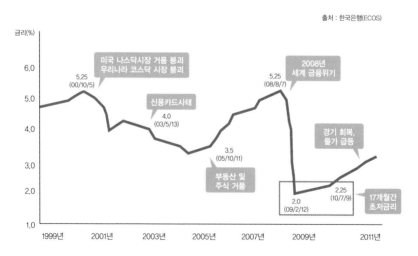

지금 겪는 세계경제 위기의 시작은 자본주의 구조의 문제가 부동산에서 폭발하였다는 점이다.

미국 부동산 시장 거품의 기폭제가 되었던 것은 앞에서 언급한 부동산 대출의 증권화였다. 그 당시 우리나라는 신도시 정책들을 통하여 막대한 양의 토지 보상금이 풀리기 시작하였다. 이는 전 세계적인 경기부양의 기운과 함께 부동산에 투기적 자금의 수혈이 급증하는 원인이 된다.

2005년 발표된 *LTV, DTI라는 정부의 규제로 인하여 잠시 부동산경기가 주춤하는가 싶더니 다시 넘쳐나는 유동성과 시장의 투기심리, 부동산은 항상 성공한다는 장밋빛 전망과 맞물리면서 2006년에서 2008년에 부동산 가격상승은 절정으로 치닫는다. 그당시 LTV, DTI를 통한 대출 규제는 그나마 세계 위기에서 우리를 버티게 해주는 기본 체력(펀더멘털)을 다지게 만들어 준 정책이었다고 보여진다.

하지만 결국 2008년 1/4분기를 정점으로 미국 발 금융위기와 함

---

* 노무현 정권에서 사용하여 지금까지 적용되고 있는 담보대출의 규제방법.
1. 주택담보대출비율 (LTV : Loan To Value): 주택담보대출 비율이란 은행들이 주택을 담보로 대출을 해줄 때 적용하는 담보가치 대비 최대 대출가능 한도를 말함. 예를 들어 시가 2억 원 주택을 담보로 최대 1억 원까지 대출 가능하다면 LTV는 50% 임.

2. 금융부채 상환능력 (DTI : Debt To Income): 금융부채 상환능력을 소득으로 따져서 대출한도를 정하는 계산비율. 채무자의 소득으로 얼마나 잘 상환할 수 있는지 판단하여 대출한도를 정하는 제도.

께 부동산경기는 한풀 꺾이며 현재까지 침체를 벗어나지 못하고 있게 된다.

2008년 서브프라임 금융위기 이후로 유럽재정위기가 겹치면서 외부적 영향을 서로 주고 받으며 시차를 두고 나타난 것이, 지금 현재 우리가 겪고 있는 경제상황, 부동산 상황인 것이다. 서로 보이지 않게 거대한 자본시스템으로 국가간의 채권과 수익에 대한 욕심이 엮어져 있으며, 이는 서로의 외부적 영향을 내부로 끌어들이는 현상으로 확대되어 만들어가고 있다.

베이비부머라는 거대한 소비 집단의 부동산 소비 수요, 저금리정책, 국가의 정책 및 금융 산업의 지원 등을 바탕으로 신용 창조 현상이 발생했다. 이는 결국 수요가 레버리지의 비용을 감당하지 못하는 한계점에서 버블의 최후를 보내고 디플레이션으로 접어들게 만든다. 각국의 버블붕괴와 경기침체의 전이 효과는 시차가 다르긴 했지만 서로 긴밀히 연결되어 있으며 이에 우리나라의 부동산시장도 피해갈 수 없었다. 현재의 부동산 시장의 침체 또한 금융위기의 연장선이라고 이야기 할 수 있다.

하지만 이제 우리가 주목해야 할 것은 경제위기 이후 다시 회생, 재건하기 위하여 노력하는 대책들의 반격이다. 이 책은 그 반격의 시나리오와 시기, 그에 의한 부작용에 대하여 자세히 다루어 보고자 한다.

➡️ 같은 자본주의 시스템에선 위기에 대응하는 나라별 방식 또한 유사할 수 밖에 없다.

그 유사성의 결과는 동시에 전세계 시장의 현금량을 늘리고 있다. 급기야 *출구전략의 시기에 대하여 눈치를 보게 만들고 있다.

경제 위기에 대응하는 주요국 전략의 유사성

위기, 극복을 위한 미국의 선택은 결국 돈을 뿌리는 것이었다.

　이번 금융위기의 근원지인 미국은 2008년 이후로 현재까지 유동성 확대를 통한 경기부양에 온 힘을 다하고 있다. 이를 위하여 동원할 수 있는 온갖 재정과 통화정책을 도입하였으며 앞으로도 추가적으로 실시할 예정이다. 이는 과거 **대공항 시절 겪었던 위기 극복에 대한 미흡하고 소극적인 대처를 거울삼아 선제적 전략으로 회복하려

---

* **출구전략** : 시중에 늘어난 현금의 정책적 회수.
** **대공항** : 1930년대에 있었던 미국의 경제위기, 뉴딜 정책등이 그당시 나옴

는 작전이다.

특히 2009년 2월 리먼 사태 직후, 7,800억 달러(원화로 약810조 원)에 가까운 대규모 자금을 경기부양을 위하여 투입하였으며 금융 정책으로는 2008년 12월 16일 이후 미국 연방은행 *FRB가 금리를 0에서 0.25%로 낮춤으로써 실질적으로 제로금리 정책을 현재까지 고수하고 있다. 이래도 경기가 살지 않는 다면 헬기로 달러를 뿌리겠 다는 농담까지 나올 지경이었으니 말이다.

제로 금리라는 극약처방에도 불구하고 FRB는 통화정책의 효과를 극대화하기 위하여 2차에 걸친 국채 매입으로 기존의 유동성을 더 확대하게 된다.

차후 자세히 설명되겠지만, 제로금리와 같은 금리 정책만으로는 더 이상 통화공급의 효과를 기대할 수 없는 상황에서 다른 방법을 강구한 것이 바로 국채 매입과 같은 것이다.

이는 국채를 국가가 매입하면서 그에 상응한 현금을 시중에 뿌려 주어 실제적으로 통화량을 증가시켜준다. 결국 금리조절 방식만을 고수한 방식에서 탈피해 인위적인 양적 완화 정책을 실시하고 있는 것이다. 이는 금융권의 보유 국채를 국가가 매입함으로 은행의 보유 자금이 증가하는 결과를 갖게 된다. 이 보유 현금을 통하여 더 많은 양이 일반인들에게 대출될 수 있는 여력으로 작용하게 되는데 이로 서 시중의 통화량을 증가 시키는 효과가 있다.

---

* **FRB[Federal Reserve Board]** : 미국의 재무 대리기관, 즉 미국의 중앙은행.
  미국 내의 상업은행의 준비금을 관리하고 상업은행들에 대부를 공여하며 미국 내에 통 용되는 지폐 발권은행

미국이 경기를 살리기 위해 실시한 대표적인 유동성 확대의 예는 최근까지 발표한 3차 양적 완화 정책이라고 할 수 있다. 그 규모가 어느 정도 되는지는 일반인의 상상력으로는 가늠하기 힘들 것 같다.

1차 양적 완화에 풀린 1조 7000억 달러를 단순히 환율 1,000원 이라고 가정해보면 알 수 있는데 자그마치 우리 돈으로 1,700조 원이 다. 큰 숫자인 것 같긴 한데 사실 이역시도 실감나지는 않는다.

한 개인이 절대 만져 볼 수 없는 돈이다 보니 1,700조 원이나 1,701 조 원이나 큰 차이가 없어 보인다. 하지만 1조원도 엄청나게 큰 돈임 에는 확실하다. 1000억원이 열개이고 100억원이 백개이다.

이는 2012년도 우리나라 1년 국가 예산 규모가 325조 4000억 이라 고 봤을 때 실로 어마어마한 금액이 아닐 수 없다. 우리나라 전체를 먹고 살리는 비용의 몇 배가 1차 양적 완화로 미국에 뿌려진 것이다.

1차 양적완화 (2008.12~2010.3) 를 통해 1조 7,500억 달러를 시 중에 공급하였음에도 불구하고 시장이 아무런 반응이 없자 결국 사 태의 심각성을 느낀 정부가 추가로 2차 양적완화 (2010.11~2011.6) 6,000억 달러 (약637조원)를 시중에 추가로 풀게 된다.

하지만 두 번의 추가 공급으로도 경기가 기대 이하로 반응하며 실업률마저도 더 악화되자 결국 3차 양적 완화 (2011.9~2012.6) 4,000억 달러 (약 425조원)를 열 달 동안 매월 400억 달러씩 풀게 된다.

그 방법으로 *주택저당증권 (Mortgage Backed Securities) 을 국가가 무제한적으로 매입하고 2015년까지 제로금리를 추가 연장한 다는 극단의 카드까지 꺼내 든 것이다. 하지만 그럼에도 불구하고 현재까지 뚜렷한 성장세를 나타내고 있지 않으며 부동산 경기만 일부 개선되는 모습을 보이고 있다.

유럽도 돈을 뿌려대긴 마찬가지

유럽연합은 미국과는 성격이 조금 다르지만 거의 비슷한 방법을 쓰고 있다.

2008년 금융위기 당시와 2012년 전후, 전세계의 이목을 가장 많이 받고 있던 재정위기 당시의 두 가지 대응책으로 나누어서 살펴보자.

금융위기 직후 유럽연합은 미국과 마찬가지로 위기탈출을 위하여 2000억 유로(한화로 약 280조원)를 시장에 투입한다. 결국 시중에 현금을 뿌리는 방식은 미국과 동일하다.

게다가 부실금융기관의 구제 금융, 금리 인하 등 통화정책을 펼쳐서 유동성 확대를 좀더 끌어 올린다. 쉽게 말해 힘든 은행에게 돈을 주고, 이자를 저렴하게 해줘서 회생의 기회를 주며 시중에 돈을 뿌린 것이다.

특히 2008년부터 현재까지 실시하고 있는 유동성 공급 방법으로 *장기자금공급 오퍼레이션(LTRO: Long Term Refinancing Operation) 이라는 방법을 사용하고 있다.

---

* **주택저당증권(Mortgage Backed Securities)** : 금융기관이 주택을 담보로 만기 20년 또는 30년짜리 장기대출을 해준 주택 저당채권을 대상자산으로 하여 발행한 증권.
** **장기자금공급 오퍼레이션 (Long Term Refinancing Operation)** : 유럽중앙은행(ECB) 이 자금난에 빠진 유럽국가들을 지원하기 위해 1%대의 저금리로 유럽은행들에게 3년간 돈을 빌려주는 제도.

이는 유럽 중앙은행이 고정된 저 금리로 각 국의 중앙은행에 돈을 빌려주고 각국의 중앙은행들이 빌린 자금으로 국채를 매입하는 방식이다. 즉, 쉽게 말해 중앙은행의 중앙은행 역할을 수행하는 것이다. 이런 특이한 구조는 유럽 연합이 유로화로 화폐를 단일화하여 통합했기 때문이다.

이는 미국과 한국처럼 단일 국가를 형성하고 통화의 발권 권한이 그 나라 중앙은행에만 있는 것과는 달리 유로존은 17개국 연합체제로서 연합내의 중앙은행들은 단일 통화인 유로를 찍어내는 권한이 없기 때문이다.

이에 유럽 중앙은행이 유럽 각 국가에게 유로화를 빌려주는 것으로 유동성 확대를 꾀한 것이다. 결국 구조만 조금 다를 뿐 큰 틀에서는 채권 매입을 통하여 시중의 자금을 공급한다는 목적은 미국의 방식과 동일하다. 돈이 시중에 넘쳐나도록 하여 경기를 살리려는 방향성은 미국와 유럽이 완전히 똑 같은 것이다.

2011년 유럽재정위기 시, 유럽 중앙은행은 미국의 1차 양적 완화 정책과 비슷한 1차 장기대출 프로그램(LTRO)을 실시한다. 유럽연합 내의 각국 중앙은행에 3년 만기 4,890억 유로(한화로 약 684조원)를 연리 1%라는 저금리로 공급하였던 것이다. 4,890억 유로 중 대부분인 62%가 소위 말하는 PIIGS(포르투칼, 아일랜드, 그리스, 스페인) 에 공급된다.

포르투갈(250억 유로), 이탈리아(1,160억 유로), 아일랜드(380억 유로), 그리스(130억 유로), 스페인(1,150억 유로) 에 긴급 수혈하여 유럽 내 유동성을 크게 올리게 된다.

하지만 2008년부터 경기 부양을 위하여 펼친 재정정책이 오히려 재정적자를 확대시켜 누적되어온 문제가 쉽게 끝나지 않았다. 이에 2차 공급으로 2012년 2월 29일 5,290억 유로(한화로 약 740조원)를 추가로 공급하게 된다. 이로 인하여 엄청난 규모의 자금이 현재까지 유로존에 풀리게 됨으로 앞으로 자금의 향방이 궁금해지는 부분이다. 결국 유럽도 살기 위해 돈을 뿌려버린 것은 미국과 마찬가지 상황이다.

일본도 대안이 없긴 마찬가지

일본의 잃어버린 10년이라 불리는 장기 침체는 워낙 유명하기에 추가적인 설명은 하지 않겠다. 하지만 일반적으로 경기부양을 위하여 미국, 유럽연합과 마찬가지로 저금리를 유지하고 채권매입을 통하여 통화확장 정책을 실시하고 있으며 2008년 8월부터 2010년 5월까지 총 4차례 걸쳐 25조엔(한화로 약 309 조원) 규모의 재정을 시장에 동시 지원했다. 하지만 일본은 미국, 유럽과는 조금 다른 방식인 채권매입기금으로 운영 중이다.

이는 채권 만기 시에 한꺼번에 상환이 몰리게 되면 자금의 압박을 받게 될 우려를 막기 위하여 채권 발행인이 채권의 상환을 위하여 적립하는 기금을 말한다. 일본은 미국과 유럽과는 다르게 이 기금을 이용하여 은행, 보험사 등 금융회사로부터 국채와 회사채 등을 매입하여 시중의 유동성을 공급하고 있다.

결국 국가 기금으로 시중의 채권을 매입하여 시중에 돈을 푸는 효과는 동일하다. 하지만 앞에서 언급한 봐와 같이 지급 불능상태를 방지하기 위한 기금으로 조성된 돈이 다시 채권매입에 쓰여지는 건 좀 특이 할만 하다. 그 규모가 최근 2010년 35조 엔(한화로 약 432 조원)에서 2012년 현재까지 80조 엔(한화로 약 988 조원) 으로 200% 이상 늘었다.

최근, 아베 신조가 정권을 잡으면서 물가가 2%가 될 때까지 엔화를 공급하겠다고 발표한 것도 같은 맥락으로 유동성을 더욱 공급하겠다라는 의지를 보여주고 있다.

미국, 유럽, 일본.. 전세계에 돈이 엄청 뿌려진 것은 기정 사실

결국 약간의 모양새는 다를지 몰라도 전세계 거의 대부분의 나라들이 돈을 뿌려댄 것은 확실하다 하겠다. 이에 의해 경기가 살아날지 그렇지 않을지는 좀더 지켜봐야 하겠지만, 경기가 살아난다면 그 다음의 시나리오도 미리 예견해 보는 것이 우리에겐 중요하다 하겠다. 그리고 그러한 부분에 대한 예측이 이 책의 발간 목적이기도 하다.

돈의 정의와 흐름, 정책의 방향성을 읽는 다면 충분히 앞으로 일어날 일들에 대한 예측도 가능하다고 하겠다.

이렇듯 위에서 살펴 본 선진국들의 위기 대응 방법은 크게 두 가지이다.

1) 금리인하

2) 양적 완화 및 과감한 재정정책

일반적인 경기침체나 하락의 상황에서는 중앙은행이 금리를 인하하여 경기를 부양하고 그 반대의 상황에서는 금리인상을 통해서 경기를 조절한다. 디플레이션일 때는 금리를 낮추고 시중의 통화량을 확장시켜 경기부양을 시키고 반대로 인플레이션일 때는 금리를 높여서 시중의 통화량을 감소시켜 과열된 경기를 진정시키는 소위 말해서 *테일러 준칙을 적용시킨다.

이는 결국, 시중의 유동성을 조절하는 역할을 하며 이런 유동성을 통하여 시설투자 및 설비투자를 이끌어 내어 실물경기를 조절하는 역할을 하는 것이다. 하지만 현재의 가장 큰 문제는 초유의 위기 상황에서 조치되는 응급조치 또는 극약 처방에 가까운 방법이 한계에 도달하였다는 점이다.

일본 및 미국의 경우 제로금리를 시행하고 있어서 사실상 더 내릴 금리도 없다. 금리를 내려 시중의 통화량을 늘리는 방법에 한계가 온 것이다.

그래서 각 국의 중앙은행은 채권매입을 통하여 시중의 유동성을 공급하는 방법을 택하였다. 다시 말해 시중의 은행들이 정부가 발행한 채권을 구입하면 구입 대금은 정부의 계좌로 들어가게 되고 반대로 정부가 시중 은행에서 보유하고 있는 국채를 사들이면 은행으로 국가의 돈이 송금된다.

이로써 채권을 정리하고 현금을 보유하게 되는 것이며 보유한 현금

---

* **테일러 준칙** : 금리 조절을 통하여 시중의 통화량을 조절하는 것.

을 *지급준비율을 이용하여 유통시켜 *신용창조의 기능을 하도록 유도하는 것이다.

이렇게 시중에 스며든 돈은 개인보다 기업에게 흘러 들어가 설비투자에 사용되어야 한다. 이는 다시 경제활동의 원동력으로 작용하여 소비와 경기를 진작시키게 된다. 하지만 시중의 너무 많은 유동성으로 인하여 경기가 좋아질 때, 시중의 자금 쏠림 현상이 생기기 쉬우며 이러한 쏠림 현상이 특정 자산에 과도하게 투자되면 또다시 자산 가격상승 압력과 결국 또 다른 버블을 형성하게 될 확률이 높다.

결국 많이 풀려난 돈이 일정 상품에 일정기간 동시에 몰리는 일이 벌어진다면, 다시 특정 상품에서 버블이 생겨날 위험이 높다는 의미이다. 불확실성의 시대엔 루머가 정보가 되는 현상이 일어나게 되는데 이때 이러한 버블의 움직임은 커질 수 있다. 2000년대 초 IT와 부동산에 버블이 생긴 것과 같은 현상이다.

최근 금융위기 이후 5년간 인류 경제 역사상 가장 많은 유동성이 공급되었으며 이 유동성이 어떤 식으로든 시중 실물경기에서 역할을 할 것이다. 그때가 언제이며 어떤 자산으로부터 또 따른 버블이 커질 시는 다음에 소개될 내용을 바탕으로 예측해 보도록 하겠다.

---

* Part2에서 "지급준비율을 통한 신용창조 기능"에 대하여 자세히 다루게 된다.

PART 02

통화시스템을 이해하자

➡

경제구조를 이해하기 위한 첫번째 필수 메커니즘의 이해!
통화란 무엇이며, 신용창조기능이란 무엇인가?

신용 창조 시스템과 통화량이 가격을 결정한다.

경제 시스템을 먼저 이해하자

앞으로 일어날 여러 변수를 가정해 보기 위해 우선 원론적 부분부터 이해하고 시작해 보자.

그러기 위해선 자본주의 시장의 가격결정 방법과 물가의 메커니즘에 관해서 이야기를 해야 할 것 같다. 가격결정과 물가에 관한 부분을 설명하기 위해선 원론적인 것부터 다룰 수 밖에 없는데, 원론에 대하여는 시중에 워낙 알기 쉽게 풀이된 책들이 많아 책을 많이 읽는 독자들에겐 반복되는 이야기라 할 수 있다. 반복되는 이야기라고 소홀하지 말고, 반가운 마음으로 다시 읽어보길 바란다.

경제시스템을 이야기 하려면 사고파는 경제활동 내에서 교환되는 돈, 물건의 가치, 가격을 수치로 생각해보지 않고는 불가능하기에 원론을 간단한 수치와 구조의 예로서 접근해 보는 것이 선결되어야 하겠다.

결국 우리가 사회에서 경제활동을 하는 가장 큰 이유 중에 하나도 돈이라는 숫자를 모으기 위함이기 때문이다. 돈을 위해서 일하는 것이 아니라 꿈을 위해서 열심히 일한다 하여도 어떻게 보면 그 꿈을 이룬다는 지표 역시 어느 정도는 숫자로 표현될 수 있기에 우리는 경제활동 분석을 숫자로 할 수 밖에 없다.

물건의 가치와 현금을 맞바꾸는 일상의 경제적 활동을 돈이라는 수치를 통해 교환을 하면서 살아간다. 이렇듯 현금과 맞바꾸는 행위에서 물건의 가격이 형성되고, 그러한 형성 결과를 우리는 물가라 한다.

부동산과 같은 실물 자산의 큰 특징 중 하나는 물가와 연동해서 가격이 오른다는 것이다. 그 이유를 단순한 논리로 보면 부동산 자산의 구성이 철근, 시멘트, 구리와 같은 실물자산의 집합체로 이루어져 있기 때문일 것이다. 이렇듯 실물자산의 집합체를 이루는 원자재의 가격은 시중의 물가에 많은 영향을 주기때문에 원자재의 집합체인 부동산은 물가의 영향을 받을 수밖에 없다.

이 책에서 자주 언급하게 될 금(金)과 부동산은 약간 다른 의미와 구조를 가지고 있는데 이러한 부분에 대하여는 앞으로 자세히 설명될 것이다.

물가상승에 따른 주택자산의 가격 상승은 주택가격이 얼마나 상승할지에 대한 저항선을 이야기 하는 것은 아니다. 부동산 자산의 가격 지지선 역할을 하는 건축원가 상승의 압력을 말하는 것이다. 그 원가가 부동산의 가격을 지켜줄 저항선이 될지 그렇지 않을지는 알 수 없지만 개별 원가가 합해져야 하는 만큼 물가의 영향에서 자유로울 수 없다는 의미가 된다.

자본주의 시장에서 거래되는 상거래의 목적이 이익추구라고 가정 하면 거래되는 상품의 가격은 최소한 원가 이상의 가격이 형성되어야 한다. 최근 국제 밀가루 가격의 상승을 통한 원가상승을 이유로 가격을 올리는 식품업체들이 좋은 예라고 할 수 있다.

그리고 물가는 절대량을 따지기 보다는 상대적인 개념으로 접근을 하여야 한다. 가장 많이 드는 예가 소득대비 물가 상승률을 들 수 있다.

즉, 소득·급여의 상승률이 물가 상승률 보다 낮다면 내 월급이 내리지 않았어도 오히려 월급이 줄어든 것과 같이 실질소득이 줄어드는 효과가 있다.

또는 급여의 절대금액은 증가 하더라도 시중의 물가가 더 상승하면 내 주머니에서 나가는 비용이 상대적으로 상승한다는 것이 되니 실질적으로 피부로 느끼는 효과가 없게 되는 것이다. 그렇다면 급여는 오르지 않는데 물가는 왜 이렇게 급속히 오르는 것일까?

물가의 구조를 이해하기 위한 중요한 해답 중 하나는 같은 수요와 공급이라도 돈의 양이 달라지면 지불할 수 있는 절대금액이 달라지는 것에 있다. 결국 가격의 상승요인인 물가의 상승요인은

1) 수요와 공급의 균형도 중요한 요인이 될 수 있지만

2) 더 큰 그림에서 수요와 공급을 떠받치고 있는 가격의 결정 요인인 돈의 양.

즉, 통화량의 증가요인이 더 큰 요인으로 작용한다 할 수 있겠다.

예를 들어 미국의 국민 물가지수 *빅맥지수가 있다면 한국은 자장면 지수가 있다. 대표적 먹거리인 자장면을 예로 들면 지금으로부터 50년 전엔 한 그릇에 15원이었지만 현재는 *4,500원이다. 가격이 오른 것인데 무료 50년 전에 비해서 300배가 증가했다.

그렇다면 우리는 여러 각도에서 그 원인을 찾을 수 있다.

1) 나라의 인구가 300배가 늘어나서 자장면의 가격이 오른 경우

2) 아니면, 인구는 2배정도 올랐지만 동네 중국집이 300배가 줄어들어서

3) 그것도 아니면, 온 국민의 먹거리가 한정되어 자장면 선호도가 300배 증가하여서 인데,

일단 모두 답은 아닌 듯 하다. 결국 경제학의 원론인 수요와 공급의 가격 결정선 만으로는 300배의 가격상승에 대한 답을 찾기 어렵다.

이에 대한 해답을 찾기 위해선 신용창조 기능을 알아야 하며, 신용창조 기능을 알기 위해선 통화의 구조와 종류부터 알아야 가능하다.

---

* **빅맥지수** : 전세계 판매되고 있는 맥도널드에서 판매하는 빅맥 햄버거 값을 비교해서 각국의 통화가치와 각국 통화의 실질 구매력을 평가하는 지수.

경제원론을 자주 접하지 않은 초보자 입장에선 어렵게 들릴 수도 있겠지만 '돈이란 것의 구조와 정확한 정의를 알아야 확실한 내 돈을 만질 수 있다' 라는 믿음으로 차근차근 접근해 보자.

결국 수요와 공급의 교차점에 의한 가격 결정이 물가를 결정하는 요인처럼 표면적으로 보인다 할지라도, 통화량의 증감이 그 내면에 숨어있음을 이해해야 물가의 구조를 이해할 수 있으며, 통화량의 증감을 이해하기 위해선 통화란 무엇인가를 아는 것이 선결되어야 할 것이다.

돈이 숫자로 구성되어 있음은 누구나가 알고 있는 사실이다. 하지만 그 숫자의 이면에는 '가치'라고 하는 새로운 개념이 숨어있다. 같은 숫자라 하여 같은 가치가 아니며, 같은 가치라 하여도 같은 숫자로 표현될 수 없다.

우리가 가질 수 있는 것은 돈이라는 숫자가 아니라 돈이 가지고 있는 그 숫자에 포함된 가치일 것이다.

그 가치가 정확히 어느 정도인지를 알기 위함이 이 책의 또 다른 목적이기도 하다.

➡️

돈의 종류가 이렇게 많았어?
돈의 종류를 모두 알아야 시중에 흘러 다니는 유동성의 총량을
예측해 볼 수 있다

통화란 무엇이며,
신용 창조 시스템이란 무엇인가

돈에는 어떤 것이 있을까? 지폐와 동전, 좀더 생각해 보면 수표와 같은 것을 떠올리기 쉬운데 과연, 그 것만이 돈의 전부일까? 돈의 총량(통화량)을 알기 위해선 화폐의 종류를 정확히 이해해야 한다.

'당신은 돈이 얼마 있냐'라는 질문에 대한 답을 찾아 보고자 지갑을 열어 보았다면 그건 단순히 화폐의 양을 세어 본 것이다. 여기에 예금이나 적금, 그밖에 여러 가지를 함께 따져본다면 생각보다 돈이라는 것이 여러 종류로 우리 일상에 있었음을 알게 된다.

사실, 시중에 흘러 다니는 통화량을 정확히 알기란 쉽지 않다. 돈

의 양을 알기 위해선 그냥 막연한 생각에, '조폐공사에서 만들어낸 지폐와 동전의 양을 잘 적어두었다가 합산하면 되는데 왜 어려울까?' 라는 생각이 들 수도 있다. 당연히 그 양은 찍어낸 곳에 정확한 데이터가 있다. 하지만 통화(돈)의 양을 알기 위해선 조폐공사가 찍어낸 지폐와 동전의 양을 판단하는 것만으로는 불가능하다. 그건 지갑을 열어보고 자신의 돈이 얼마있는지를 검토하는 것과 별반 다르지 않다.

도대체 얼마나 많은 양의 돈이 시중에 풀려있으며 이 돈들이 물가에 얼마나 영향을 주는지가 궁금해진다면 지폐와 동전의 양을 포함한 여러 종류의 통화 합계를 알아야 한다. 이런 돈의 양들이 정말 물가에 영향을 미치는지에 대한 궁금증을 이제 하나씩 풀어보자.

시중에 과연 돈은 얼마가 있을까?

'도대체 시중에 풀린 돈은 얼마일까'를 알아보기 전에 먼저 돈의 종류는 어떤 것들이 있는지 알아보도록 하자.

일반적으로 통화라 하면 현금을 떠올린다. 하지만 최근 들어 대부분의 사람들이 소액결제는 신용카드라는 것을 사용해서 지출하고 있다. 물론 나중에 통장을 통해 빠져나가겠지만, 구입 당시엔 아직 통장의 잔고와는 무관하게 없는 즉 신용화폐로 물건을 산다.

결국 빚으로 먼저 물건을 사고 결제일 전에 메꾸어 놓는 방식이다. 결제일 전에 그 돈을 만들어 놓기만 하면 된다. 미래의 지출임에도 신용이라는 이름으로 먼저 지출하는 것이다.

이 역시도 현재의 통화량에 포함된다. 그럼, 이 책에서 자주 언급되는 신용창조의 기능이 신용카드 사용에 따른 통화 증가를 말하는 것일까? 그건 아니다.

신용창조는 더 복잡한 메커니즘이다. 보이지 않는 통화의 증가를 만드는 구조의 이름을 신용창조 기능이라 한다. 신용카드의 사용과 같은 것도 신용창조의 기능 안에 포함되기는 하지만 단순 신용카드를 사용 것을 신용창조기능이라고 부르지는 않는다.

현금을 보관하는 통장의 종류만해도 여러 가지가 있다. *CMA, MMF등 자동 출금 되는 기능의 통장도 정말 많다. 앞서 언급한 신용카드와 같이 우리가 생활하면서 잘 몰랐던 현금을 대체하는 신용화폐의 수단도 많지만, 돈의 흐름, 환급성의 목적에 따라 한국은행에서는 통화의 종류를 다음과 같이 여러 가지로 분류해 놓았다.

신용창조 시스템이란 무엇인가?

'신용팽창으로 유동성이 1,000배!

도대체 이게 무슨 말인가 의아해 할 수 있다. 인플레이션과 디플레이션을 언급하기 전에 신용팽창 시스템 이야기를 때놓을 수 없는 이유이기도 하디.

---

*어금관리계좌 (CMA :Cash Management Account) : 종금사에서 판매하는 수시입출금 상품으로 확정금리가 아닌 실적배당상품. 투자자로부터 예탁금을 받아 수익성이 좋은 단구국공채 등에 투자.
머니마켓펀드 (MMF: Money Market Fund) : 투자신탁회사가 고객의 돈을 모아 단기금융 상품에 투자하여 수익을 얻은 초 단기 금융상품.

1. 본원통화 : M0 (정부에서 찍어내는 돈의 양)

   본원통화 (M0) = 민간 보유 현금 + 은행 지급 준비금 (지급준비예치금 + 은행의 시재금[현재가지고 있는 잔액])

2. *협의통화 : M1 (현금처럼 쓸 수 있는 돈의 양)

   협의통화 (M1) = 본원통화(M0) + 요구불예금 + 저축예금 + 수시입출금식 예금 + MMF

3. **광의통화 : M2 (통화량 관리의 기준이 되는 돈의 양)

   광의통화 (M2) = 협의통화 (M1) + 정기예금/적금/부금/+거주자외화예금+시장형 금융상품+실적배당형 금융상품+ 금융채 + 발행어음+ 신탁형 증권저축

4. 총 유동성 : ***Lf (모든 금융기관의 유동성 수준을 파악하는 지표)

   총 유동성 LF = 광의통화 (M2) + 은행예금 및 비 은행 금융기관의 기타 예수금

---

*협의 통화 (M1)란? MONEY NO. 1 현금이 최고야! 내 마음의 체크카드 까지!

즉, 현금 또는 현금처럼 바로 쓸 수 있는 내 지갑의 체크카드라고 생각하면 됨. 현금, 체크카드에 결제계좌들이 CMA또는 일반 자율입출금 통장으로 연결되어 있다면 그 전체의 개념으로 접근하셔도 큰 무리는 없음. 이걸 만든 이유는 시장 내에서 현금 또는 즉시현금화 할 수 있는 돈의 양이 얼마나 되는지를 알아보기 위함.

**광의통화 (M2)란? 현금 없을 땐 예/적금이라도 깨자!

위에 말한 현금과 예치 기간이 정해져 있는 돈을 합해 광의 통화(M2)라 함. 광의통화는 내가 가지고 있는 예/적금 형식까지 포함. 해지했을 때 이자를 다 못 받거나 내가 약간의 손해를 보면 언제든 현금으로 가지고 있을 수 있는 돈이라고 이해하면 됨.

통화량을 이야기 할 때, 대표적인 통화지표로 광의통화(M2)를 가장 많이 씀. 한국은행에서 물가관리 어쩌고 하면서 통화량이 늘었네 줄었네 라고 이야기하는 통화가 바로 이 광의통화(M2). 참고로 앞으로 이 책에서 물가상승률 및 부동산 가격지표 들과 가장 많이 비교대상이 되는 대표 지표중의 하나. 앞으로 M2라는 단어를 이 책에서 수없이 많이 접하게 될 것이니 이 부분은 좀더 유념하여 기억해 두기 바람.

***총유동성 (Lf)이란? '우리가 잘 몰랐던 돈까지, 다 이 안에'

위의 예/적금을 포함하고 신문에서 보는 어려운 단어들 모두를 포함. 예를 들어 유가증권, 청약증거금, 만기 2년 이상 장기금전신탁, 보험계약 준비금, 장단기 금융채, 고객 예탁금 등등, 용어가 '어렵다' 싶으면 모두 총유동성(Lf)이다. 그래서 결국 이게 뭐야? 하는 것을 포함하는 것이 총 유동성(Lf).

일반적으로 디플레이션과 스테그플레이션을 혼동하기도 하고, 경기 침체를 통칭해서 디플레이션이라 부르기도 하는데, 이는 잘못된 상식이다. 뭐가 이렇게 알아야 할 것도 많고 짚고 넘어가야 할 게 많은지 좀 지루하겠지만 조금만 참고, 살펴보자.

아래표에서 보는 바와 같이 광의 통화 (M2, 체크카드 포함 예. 적금) 는 2011년 말 잔액을 기준으로 1,751조원 이다. 하지만 협의 통화 (M1, 완전 현금)는 2011년 말 잔액기준으로 80조원으로 광의 통화가 20배 정도 많다. 그렇다면 또 다시 궁금증이 생긴다. 찍어낸 돈이 80조원인데 시중에 사용하고 있는 통화량이 20배나 많은 이유는 무엇일까? 라는 의문이 생긴다.

급증하는 유동성

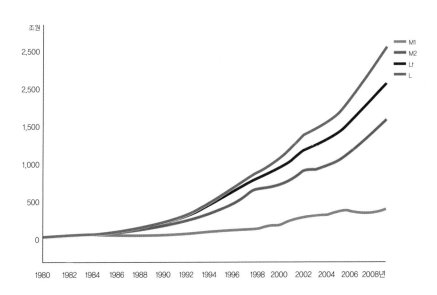

그 비밀은 은행시스템 (Banking system) 중 *지급준비율을 이용한 신용팽창에 있다. 일반적으로 은행시스템은 예금을 동시에 인출해가지 않는다는 가정에서 시작한다. 우리가 1억 원을 은행에 맡기면 언제든지 1억 원을 찾을 수 있는 구조이긴 하지만 돈을 맡긴 예금주 모두가 동시에 찾으러 오지 않는다는 가정하에서 약간의 지급준비금만을 두고 나머지는 대출을 통해 은행은 수익을 내게 된다.

즉, 은행의 수익 구조는 누군가가 예금을 맡기면 그걸 대출로 빌려주고 예금이자와 대출이자의 금리차이에서 나오는 **예대마진을 수익으로 가져가는 시스템이다. 여기까지는 큰 문제가 없어 보인다.

하지만 다른 가정을 하나 해보자. 무수히 많은 책에서 다음에 설명하는 가정을 인용하고 있는데, 책을 많이 읽는 독자에겐 사뭇 반가울 수도 있고 또는, 또 이거야 할 수도 있는 대목이다.

하지만 다른 어떤 비유보다도 정확한 이해를 돕는 가정이기에 이 책에서도 인용해 보도록 하겠다.

한 섬에 3명의 국민이 살고 있다고 가정해 보자.

(1) 사채꾼(돈 빌려주는 사람)과,

(2) 나(예금주),

(3) 나의 친구(대출자),

---

* **지급준비율** : 예금자들이 돈을 찾을 것을 대비해 은행에 준비해 두고 있는 돈의 비율.
** **예대마진** : 은행이 기업이나 개인에게 빌려주면서 받은 이자와 은행이 일반인에게 예금을 받으면서 줘야 하는 이자의 차이.

이렇게 단 세 명만이 지구상에 살고 있다고 가정을 해보자. 내가 은행에 1억원을 이자 없이 예금을 했는데 은행은 나의 돈으로 집을 사려고 찾아온 나의 친구에게 30년 모기지로 1억 원을 빌려준다.

근데 내가 급하게 돈이 필요해 은행에 가서 그 다음날 1억원 찾으려고 하면 은행은 "죄송합니다. 당신의 1억원은 당신의 친구가 30년 동안 갚을 예정이니 지금 당장은 인출이 되지 않고 매년 조금씩만 받을 수 있습니다." 라는 대답을 하게 된다.

실제로 이런 일을 겪으면 어이가 없을 것이다.

이러한 단점을 보완하기 위하여 은행은 지급준비율이라는 제도를 사용하고 있다. 예금된 돈 중 일정 비율을(%) 남겨놓고 대출이 가능

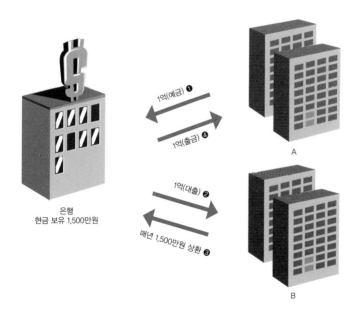

은행
현금 보유 1,500만원

1억(예금) ❶
1억(출금) ❹

A

1억(대출) ❷
매년 1,500만원 상환 ❸

B

하도록 하고 있는 것이다. 3명인 경우는 지급준비율을 둔다 하여도 예치된 예금을 모두 찾아갈 수 없는 상황이 될 테지만, 예금하는 사람이 수백 명, 수천 명이며, 확률상 이들이 동시에 예금을 인출해 가지 않는다는 가정을 세우면 지급준비금 만으로도 예금을 찾으려는 소수의 사람들에게 충분히 반환할 수 있게 된다.

신용창조는 지급준비율 10%가 아닌 나머지 90%가 시중에 돌면서 확장된 효과

지급 준비율이 10%라고 가정할 때, 2억원의 돈을 은행에 예금하면 은행은 2천만 원만 남겨놓고 1억 8천만원은 대출로 시중에 유통하게 된다. 발행된 통화는 2억원이지만 시중의 통화량은 대출을 통해 발생된 신용창조 통화인 1억 8천만원과 합해져 3억 8천만원이 된

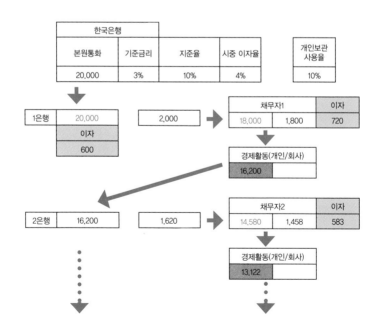

다. 이러한 현상이 여러 은행을 돌며 일어나는 동안 시중의 통화량은 늘어나게 되는데 이를 신용창조기능이라고 하는 것이다.

이런 식으로 대출이 계속해서 진행되면 최초 통화 2억을 시중에 뿌려 지급준비율 10%로 대출을 일으키면 20억 원의 신용 창출이 가능하고 5%이면 40억 원의 신용창출이 가능하게 된다.

즉, 쉽게 말해 지급 준비율이란 예금자가 언제 찾아와서 돈을 인출할지 모르니 최소한의 일정금액 만을 남겨놓는 기준을 정하는 것이라고 생각하면 된다. 이때 우리가 관심 있게 볼 대목은 남겨진 10%의 돈이 아닌 대출로 시중에 다시 재창출 된 90%에 주목해야 한다.

이 돈들이 경제활동을 통해 다시 예금이 되고 10%를 제외한 나머지 부분이 다시 대출로 이어지면서 돈의 양이 확대되는 기능을 하게 된 것이다.

왠지 이런 구조가 그다지 좋게 보이지는 않지만 현재 자본주의 구조의 예금 시스템이고 우리는 그 안에서 어쩔 수 없이 경제 활동을 하고 있다. 그럼 만약 시장에 큰 변화가 생겨 한꺼번에 예금자들이 몰려들어 출금을 요구할 때는 어떡하나? 이러한 현상이 최근 유럽사태에서 나타났었는데 이를 BANK RUN(뱅크런)현상이라 한다. 돈을 찾기 위해 은행으로 달려간다는 의미에서 생겨난 말이다.

뱅크런은 디플레이션 현상 때 많이 나타나는 것으로 신용창조와는 반대로 통화량이 줄어드는 현상때 자주 나타나게 된다.

➡️ 지급준비율을 이용한 신용 창조 기능은
경기조절의 수단으로도 사용된다.

금리 조절을 통한 물가 안정 및 경기부양 메커니즘의 이해

　지급 준비율의 기능은 나머지 금액이 대출로 쓰여져 신용창조를 일으키는 정도에 그치지 않고 더 많은 일을 하게 된다. 그 기능을 이용해 시중에 통화량을 조절하는 데에도 지급준비율이 사용되는 것이다. 지급준비율을 바꿈으로써 시중에 유통되는 신용 통화의 양 조절이 가능해 지는 것이다.

　중앙은행이 시중 통화량의 조절을 위해 지급준비율을 조정하는 정책을 내놓는 것을 언론을 통해 가끔 봤을 것이다. 지급준비율을 이용하여 시중의 통화량이 많아지게 하는 것을 '신용을 바탕으로 통화량이 팽창하였다'는 표현을 써서 '신용팽창 시스템'이라고 말한다.

아래표와 같이 국내가 아닌 해외에서도 통화량 조절을 위하여 지급준비율을 조정하곤 한다. 2008년 금융위기 당시, 중국정부가 경기진작을 위하여 지급 준비율을 낮췄을 때 통화량이 급속도로 높아지는 모습을 자세히 보여주고 있다.

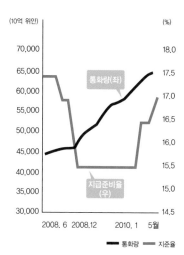

중국 통화량과 중앙은행 지급준비율 변화

전 장에서는 몇 개의 은행을 예로 들었지만 이러한 은행이 시중에 더 많아지면 그 효과는 과히 더 커질 수 밖에 없다. 신용팽창은 여러 은행을 거치면서 10배의 10배로, 다시 100배까지 쉽게 팽창하는 구조를 가지고 있다. 여기다 *제2 금융권과 **제3 금융권의 부분 준

---

* **제2 금융권** : 은행을 제 1금융권이라고 하는데 비해, 은행을 제외한 금융기관을 통칭하여 부름. 은행법의 적용을 받지 않으면서도 일반 상업은행과 유사한 기능을 담당

** **제3 금융권** : 1,2, 금융권이 아닌 '사금융권'이란 말과 같은 뜻으로 사용. 주로 대출을 전문으로 하는 대부업체 및 사채업체가 여기에 해당.

비금 제도까지 합치면 신용의 팽창규모는 실로 가늠하기 힘들 정도가 되어 버린다

하지만 일반적으로 중앙은행은 경기 조절 수단으로 지급준비율 조절 보다는 채권매입과 기준금리조정을 더욱 선호하는 편이다. 잦은 지급준비율 변화는 금융권의 영업활동에 많은 영향을 줌으로 은행을 이용하는 국민들에게 혼란을 줄 소지가 많기 때문이다.

통화 유동량의 조절을 위하여 중앙은행이 활용하는 대표적인 방법 중에 또 다른 하나는 기준 금리 인상과 인하 정책이다. 일반적으로 경기가 어려울 때 기준금리 인하라는 카드를 쓴다.

일본의 제로금리가 어쩌고 저쩌고 현재 우리나라 금리가 어쩌고 저쩌고 한 것이 모두 통화량 확대를 통한 경기 진작 정책들인 것이다.

경기진작을 위하여 금리를 낮추면 경제 주체들의 이자비용이 낮아져 시설투자에 더 힘쓸 수 있게 된다. 금리가 낮아지면 같은 비용으로 더 많은 자금을 확보할 수 있게 되어 시중엔 통화가 더 많이 넘쳐나게 된다.

중앙은행에서 이자율을 낮추면 일반은행들이 중앙은행에서 낮은 비용으로 돈을 빌리고 그 빌려온 돈은 은행에서 다시 지급준비금만 남기고 돈을 빌려주게 되는데 이때 은행에서 처음 신용 팽창으로 통화공급이 이루어지는 곳은 독과점 기업 또는 대기업이다.

그 다음으로 중소기업, 다시 일반가계로 내려 가게 된다. 이를 낙

수효과라 부른다. 하지만 현재 우리나라는 낙수효과가 적어 늘어난 유동성이 대기업에만 몰려있고 아래로 흐르지 않는 구조를 가지고 있다. 그래서 최근 이러한 양극화의 원인이 된 낙수효과에 반대하며 오히려 부유층에 대한 세금을 늘리고 저소득층에 대한 복지정책 지원을 증대 시키자는 분수효과에 대한 목소리가 커지고 있다.

이러한 신용팽창이 유지되려면 피라미드 구조처럼 더 많은 신용(빚)의 팽창이 이루어져야 하며 누군가는 또 빚을 져야 하는 과정을 거쳐야 한다. 결국 자본주의의 통화구조는 신용이라는 이름 하에 빚을 확장하는 구조로 이루어진다.

이렇듯 금리 및 통화량 공급을 통한 신용팽창 및 통화공급의 과정 중에 부의 이전이 이루어지게 되는데 통화 팽창과 수축이 이루어지는 것을 인플레이션과 디플레이션 이라고 부르게 된다.

결국, 신용팽창시스템이라는 자본주의 구조는 '빚의 부담'으로 발전하는 특이한 구조를 가지고 있다 할 수 있겠다. 좋게 표현하면 신용이지만 달리 말하면 빚이 되는 것이다. 하지만 이러한 빚 또는 신용의 구조가 경제발전의 원동력이 되었음도 무시할 수 없다.

이를 메기와 미꾸라지에 비유해 '메기효과'라 부르기도 한다. 미꾸라지만 수조에 담아 이동하게 되면 나태해져 자연 폐사율이 높은데, 여기에 메기 한 마리를 던져 놓으면 이를 피하기 위해 미꾸라지들이 자연 폐사하지 않고 건강하게 목적지까지 도착하게 된다고 한다. 물론 몇몇 미꾸라지는 메기에게 잡혀 먹히게 되겠지만 그 수가 자연 폐사된 수보다는 낮고 다른 미꾸라지들의 상태도 좋아지니 나쁘지 않은 방법인 것이다. 그런데 왠지 모를 이 씁쓸한 기분은 무엇일까.

자본주의 구조의 신용창조 기능과 그 기능에 의한 새로운 부담의 발생인 "이자"가 메기에 비유되는 이유가 여기에 있다. 빚이라는 부담이 결국 자본주의를 성장시켰지만 그에 따른 폐단도 어느 정도 있어왔음을 인정해야 하겠다.

➡️

경기가 좋을 땐 인플레이션이 일어날수 밖에 없는 구조임에도
우리는 잘 느끼지 못하고 있다.

통화량 증가에 따른 자산 인플레이션 현상

위의 사진은 1969년 발행한 주택 복권이다. 복권 한 장의 가격은
100원이었고, 당첨금은 300만원 이었다. 만약 지금 사람들에게, 당

첨되면 300만원 줄 테니 100원주고 복권을 살 것인지 물으면 아마 거의 사는 사람이 없을 것이다. 그래도 복권 당첨 금액이 10억은 넘어야 복권의 매력이 있지 않을까? 하지만 아래 기사를 보면 달라진다.

아래 기사는 1970년 9월경의 조선일보 기사로 당시 화양동 일대의 개발 계획에 대하여 얘기하고 있다. 그 당시 화양동의 66㎡(약 20평)의 집이 2백 만원이라고 기사는 보도하고 있다. 위의 복권이 그 당시 당첨되었다면 화양동에 집 한 채가 생겨나고도 돈이 남았던 것이다.

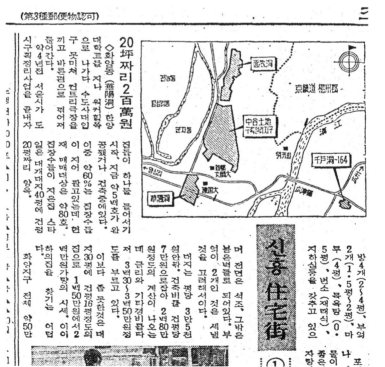

1970년 말, M2(광의통화)의 통화량은 7,615억원 이였다. 하지만 현재는 1,751조 억 원으로 40년간 2,300배 정도 늘어난 수치를 보여주고 있다. 그 당시에 비해 통화량 자체가 증가한 것이다.

1960년도 자장면 한 그릇의 값이 대략 15원이었음을 앞에서 언급한 바 있다. 현재 4,500원으로 300배 정도 오른 수치인데 통화량 증가의 수치만큼은 따라가지 않는다. 물가가 상승하는 다른 이유들도 많이 있을 수 있지만 통화량의 공급이 증가함에 따라 시중의 돈의 양이 늘어나고 이에 따라 물가가 상승한다는 것은 기정사실임에 분명하다.

앞서 보여준 조선일보 화양동 기사를 보아도 알 수 있는데, 기사에서 언급한 지역의 현재 가격이 대략 66㎡(20평)정도 단독 주택의 경우, 3억 정도는 족히 넘으니 200만원이 3억 원으로 150배 오른 것이

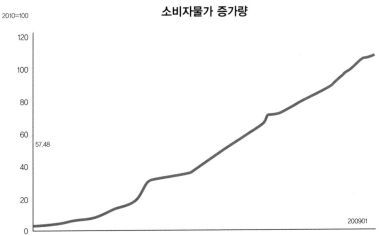

소비자물가 증가량

2010=100

120

100

80

60

57.48

40

20

0

200901

1965/01 1967/11 1970/09 1973/07 1976/05 1979/03 1982/01 1984/11 1987/09 1990/07 1993/05 1996/03 1999/01 2001/11 2004/09 2007/07 2010/05

출처 : 한국은행(ECOS)

되고 만다.

아래 그래프는 보다 더 극명히 그러한 사실을 증명한다.

보는 바와 같이 유동성의 증가와 물가의 오름(왼쪽그래프)이 같은 모습의 방향성을 그리고 있다. 화폐의 가치는 떨어지고 상품의 가치는 상대적으로 상승하며 이러한 시장의 작용으로 인하여 물가와 장기적인 움직임의 방향성이 같다는 것을 확인할 수 있다. 결국 통화량은 신용창조 기능에 의해서 많아지는 결론을 가지고 있으며 그 결론은 물가의 상승을 필연적으로 가져오게 된다. 이러한 현상을 인플레이션이라고 한다.

통화량의 증가와 물가의 증가는 장기적으로는 함께 올라감을 보았다. 하지만 이론과는 달리 지금의 상황은 금리가 낮고 유동성이 많음에도 집값은 여전히 낮게 형성되고 있다. 이러한 이유는 무엇일까?

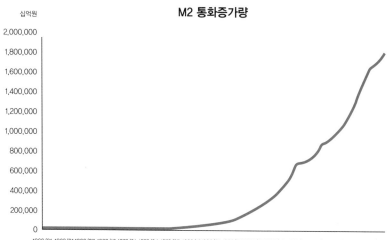

출처 : 한국은행(ECOS)

여기에 대한 해답은 좀더 깊이 있게 다루어야 할 것 같다. 하지만 한 가지 확실한 건 부동산, 특히 아파트를 제외한 다른 품목, 예를 들어 생필품, 금, 은 등의 일반 다른 재화는 지금도 가격이 오르고 있다는 점이다. 차에 기름을 넣기 위해 주유소에 가보면 절감하게 될 것이다. 그럼 집값은 왜 오르지 않고 떨어지고 있을까? 이러한 부분에 대하여 원론을 이해한 후 좀더 자세히 다루어 보자.

인플레이션 상황에서 부동산은 어떻게 될까?

우리가 관심 있는 것은 현재의 우리 시장 특히, 부동산과 금과 같은 상품의 가격 변동 방향성이다. 50년이라는 긴 시간을 놓고 보면 IMF, 카드대란, 금융위기 등의 위기는 아주 작은 굴곡일 뿐이다.

일반인들이 50년 후를 보고 부동산을 투자하는 것도 아니며 길어봐야 5년에서 10년, 그저 물가상승률보다 높은 이윤을 맛 보기 위해 투자를 하는 경우가 많은데 50년 자료를 살펴봐야 하는 이유도 사실 그렇게 명쾌하지는 않다.

하지만 인플레이션 현상과 디플레이션 현상을 좀더 깊이 있게 이해하면 앞으로 전개될 상황에 대한 예측이 어느 정도는 가능하다.

즉, 큰 그름에서 경기변동은 정도의 차이는 다르다 하여도 확장과 수축, 상승과 하강의 연속이라는 점이다. 지금의 상황이 어디쯤인지 인플레이션과 디플레이션 중 어디쯤의 상황인지를 파악 할 수 있다면 앞으로의 시장상황을 예측할 수 있게 된다. 물론 정확하다라는 표현까지는 아니더라도 최소한 방향성과 깊이의 정도는 예측할 수 있게 될 것이다.

앞에서 잠깐 언급했듯이 인플레이션과 디플레이션은 통화 팽창과 수축의 과정에서 생긴다는 것을 우리는 알게 되었다. 초기 신용팽창의 과정에서 사람들은 이전보다 낮아진 이자율로 돈을 빌리려 하고 이 돈들은 소비되거나 다른 곳에 투자되기 시작한다.

하지만 빌려간 돈이 많을수록 채무의 양이 증가하고 이에 따른 이자가 커지게 되며 어느 순간에 가선 소비와 투자가 이자의 범위를 넘어서게 된다. 이러한 상황을 인플레이션의 반대 개념으로 디플레이션이라 하는데 이 부분에 대하여 다음 장에서 자세히 이야기해 보자.

➡ 디플레이션 상황에서는 모두가 대출을 갚으려 하며 시중의 통화량이 줄어든다.

통화량 감소에 따른 자산 디플레이션 현상

인플레이션과 디플레이션은 통화팽창과 수축의 과정에서 생긴다. 초기 신용팽창의 과정에서 사람들은 이전보다 낮아진 이자율로 돈을 빌리려 하고 이 돈들은 소비되거나 다른 곳에 투자되기 시작한다. 하지만 빌려간 돈이 많을 수록 채무의 양이 증가하고 이에 따른 이자가 커지게 되며 어느 순간에 가선 소비와 투자가 이자의 범위를 넘어서게 된다.

결국 부채의 증가 속도가 소비와 발전이 감당하는 속도를 넘어서게 되는 것인데, 이렇게 되면 은행에서 돈을 빌리는 사람들이 더 이상 늘지 않는 순간이 오게 된다. 그 돈을 빌려 소비하거나 투자하여도 이자를 감당할 자신이 없어지기 때문이다.

이때부터 급속도로 시장은 위축되기 시작한다. 위축은 대출의 상환으로 이어지고 대출 상환은 시중 자금의 축소로 연결된다. 흔히들 말하는 디플레이션이 발생하게 되는 것이다. 이런 통화수축인 디플레이션도 이전의 과도한 대출을 통하여 높아졌던 가격이 조정을 받는 아주 자연스러운 현상이라고 생각할 수 있다.

"대출상환, 유동성 축소가 디플레이션이다"

깊은 디플레이션에서 빠져 나오기 위하여 긴급하게 통화를 공급하게 되는데 이때 디플레이션과 인플레이션 사이에 '아무리 통화를 공급하여도 개선되지 않는 시기'가 발견되며 이를 두고 '유동성함정'이라고 한다.

마이클 허드슨이 2004년 발간한 '자금순환 모델'을 통해서 경제가 어떻게 부채 디플레이션에 이르게 되는 지와 유동성의 함정에 대하여 설명하고 있다. 그 책에선 '금융시스템으로 창출된 신용팽창이 금융상품과 부동산거품 붕괴와 함께 부채의 디플레이션을 초래한다'라고 주장한다.

또한 이렇게 창출된 신용은 실물경제로 옮겨가지 않고 디플레이션이 오더라도 신용을 바탕으로 한 비대해진 부채의 원금과 이자를 갚게 된다고 주장한다. 즉, 아무리 공적 자금을 투입하더라도 금융시스템 안에서만 머무르고 실물경제로 이전되지 않아서 더욱더 디플레이션의 고통이 증가한다 라는 말이다. 결국 지금의 우리나라를 비롯한 세계 경제 상황은 *유동성의 함정 상태라고 할 수 있다. 바꿔 말해 위축에서 확대로 가는 그 어느 포인트에 우리는 있는 것이다.

하지만 유동성 함정은 비이성적 신용팽창으로부터 치유되는 과정에서 한번은 지나쳐야 할 현상이다.

일반적으로 디플레이션이라고 하면 내가 가지고 있는 자산의 가치가 하락하는 것으로만 잘 못 알고 있다. 뭐 따지고 보면 그렇게 틀린 말은 아니지만 그렇다고 디플레이션이 자산가치의 하락만을 의미 한다라고 말 할 수는 없다. 원론적으로 정확히 이야기하면 디플레이션은 앞에서 다루었던 신용 팽창의 반대인 신용수축을 통하여 시중의 통화량이 더 이상 공급되지 않는 것을 뜻한다.

통화량이 줄어 자산가치가 하락하는 것은 맞지만 자산가치의 하락만을 디플레이션이라 부를 수는 없는 것이다.

신용수축을 통하여 시중의 통화량이 줄어 과거에 인플레이션 기간에 비정상적으로 팽창한 자산 거품을 빼는 작업, 즉 가격의 자연 치유 기간을 디플레이션이라 말하는 것이다.

언뜻 들이면 나쁜 것 같지 않은데, 우리가 느끼는 체감은 무척 나쁘다. 우리 같은 서민들은 항상 자산가격이 절정일 때 투자했다가 가격이 떨어졌을 때 빠져 나오기 때문에 디플레이션 상황이 달갑지 않은 것이 아닐까 싶다. 거꾸로 해야 성공하는데 사실 그게 쉽지 않다.

***유동성의 함정** : Prat 3에서 다룸.

최근 들어 발생하는 더 큰 문제는 디플레이션 상황을 경기 활성화로 견인하기 위해 이자율을 조절하여 시장의 유동성을 공급했으나 일본, 미국 일부 지역에서는 금리를 더 이상 낮출 수 없는 제로 금리(0%)를 시행해도 시장에서는 돈을 빌리려 하지 않고 점점 시중의 통화량이 줄고 있기 때문에 문제의 심각성이 더 하다 하겠다.

미국 같은 경우, 최근 3차 양적 완화로 무기한 돈을 투입하고 회사채를 매입해서 시중의 유동성을 공급하는 데도 시장엔 돈이 메마르기 시작했다. 중앙은행이 부실채권 매입 등 시중에 유동성을 공급하여도 은행들이 이 돈을 이용하여 실물자산에 투자를 하기보다는 또다시 안전자산인 국채 및 기타 안전자산들을 매입함으로써 시중에는 자금이 돌지 않는 것이다.

결국 안 빌려주고 안 쓰는 현상으로 인한 것인데 이렇게 더 이상 낮출 수 없는 금리에 채권을 무기한 매입해도 시장의 반응이 없으니 얼마나 답답할까 하는 안쓰러움도 생긴다.

자산은 계속해서 가격조정을 받고 있으니 아마도 가만히 앉아서 돈을 잃는 포커 판에 앉아 있는 느낌일 것이다. 심리학에서도 카드게임에서 승리한 기쁨보다 돈을 잃는 슬픔이 3배 가량 더 크다고 하는데 그냥 가만히 있는데 나의 자산들의 가격은 계속 다운되고 있으니 얼마나 가슴이 아프랴.

통화량이 줄어 드는 것과 사는 게 더 힘든 게 무슨 상관일까 싶기도 하다. 이유는 이렇다. 내가 가지고 있는 자산의 가치가 디플레이션 기간 중에 조정을 받고 임금, 원자재 가격도 조정을 받는다. 하지만 시중의 통화량이 줄어든 상황에서 자산의 가격까지 조정을 받는

다면 만약 빚이 있는 사람들은 빚의 무게가 증가하게 된다.

더욱 갚기가 힘들어지는 것이다. 쉽게 말해 빚을 갚으려 해도 돈을 구하기 힘든 상황이 되고 만다. 예를 들어 모든 사람들이 더 이상 빚을 지지 않으려고 하고 빚을 갚으려고만 한다고 가정해 보자.

시장에 9억이 유통되고 있으며 대출 금리는 10%이다.

A, B, C 3명이 각각 은행에 3억 원씩 빚이 있다고 가정하자.

A가 열심히 일을 해서 3억 3천만원 (이자10% 포함)을 갚았다. 시중의 돈은 현재 5억 7천만원이 있으며 B가 또다시 3억 3천만원을 갚는다. 이제 시중의 자금은 2억 4천만원이 있다. 하지만 아직 C가 3억3천만원을 갚아야 하는데 시중의 자금은 2억 4천만원 밖에 없다. 결국 C는 시장에서 파산하거나 은행은 부실채권으로 9천만원을 떠 앉아야 한다.

여기에 다시 통화량 축소 외에 자산가치 축소까지 포함시키면 훨씬 더 막막해 진다. 만약 C가 부동산자산까지 가지고 있어서 10억짜리 개포주공 아파트를 2006년에 대출 6억을 포함해서 구입을 했고, 현재 자산가치는 50% 다운된 금액으로 5억이다라고 한다면, 결국 자산을 처분하더라도 원금은 다 까먹고 빚은 1억 원이 고스란히 남게 된다.

자산을 다 팔아도 전세금과 빚은 다 갚을 수 없는 깡통 주택이 되는 것이다. 즉 디플레이션 기간에는 빚을 갚으면 더 갚을수록 나머지 빚을 갚기가 더욱더 힘들어지는 것을 맛보게 될 것이다.

최근 까지도 2008년도 금융위기 이후 전세계 중앙은행들은 초 저금리 정책을 통하여 신용팽창을 유도하고 유동성 공급을 시도하였다. 금리 인하뿐만 아니라 지급준비율 및 국채매입으로 직접적으로 유동성을 공급하기에 이른다.

하지만 미국 및 유럽의 몇 나라들은 현재 신용팽창으로 이루어진 부채의 수준이 도저히 통화 공급으로는 감당하기 힘들 정도의 지경에 이르렀다.

2001년에서 2008년까지의 교훈으로 확실한 구조조정과 자산가격의 조정이 없다면 결국 또 다른 더 큰 버블의 붕괴와 더 큰 디플레이션을 가져오지는 않나 조심스럽게 생각해본다. 정책의 선제적 대응 능력이 절실히 필요한 대목이다.

➡️ 미국의 2001년 IT 버블 붕괴후의 저금리 정책에 따른
유동성 확대가 또다른 버블생성의 시작

2000년대 미국의 유동성 공급 정책 / *골디락스

　앞에서 다룬 바와 같이 통화확장과 팽창 정책은 인플레이션과 디플레이션에 영향을 준다는 것을 알 수 있다.　그리고 통화공급의 방법으로는

　1) 금리조절

　2) 지급준비율 조정

---

* **골디락스(Goldilocks)** : 성장세가 지속되더라도 인플레이션 우려가 거의 없는 이상적인 경제상황. 금을 뜻하는 'Gold'와 머리카락을 뜻하는 'Lock'의 합성어.

3) 국채 매입

이라는 방법들이 있다는 것도 알았다. 즉, 경기의 변동인 인플레이션과 디플레이션 주기에 따라 국가가 재정정책과 통화정책을 펼치는 것을 알았다.

그렇다면 통화량의 증감을 보면 경기변동의 패턴을 예측할 수 있다라는 이야기가 된다. 통화량이 경기 변동의 패턴을 유발한다면 좀 더 쉽게 경기를 예측할 수 있을테니 말이다.

일반적으로 경기의 흐름을 가장 잘 나타내는 지표는 금리이다. 금리의 변화에 따라 경기의 상황과 유동성 방향의 예측이 가능하다. 이는 경기하강 국면엔 중앙은행이 금리를 낮춤으로 이자비용을 덜어주고 유동성을 증가시키는 정책을 주로 쓰기 때문이다.

경기가 먼저냐 금리가 먼저냐는 정확하지 않다. 하지만 정책의 결정 요인들을 관찰해 보면 중앙 은행과 정부의 경기대응에 따른 금리정책은 약간 수동적임을 볼 수 있다. 즉, 금리변동이 경기 변동을 유발한다기 보다 경기가 변동되면 대응하는 후행 패턴을 보여준다.

그러면 실제로 경기변동과 금리변동에는 어떤 관계가 있는지 살펴보자. 삼성 경제연구소의 발표에 따르면 유동성 지수 상승 이후에 자산 버블이 발생하는 순환을 잘 보여주고 있다.

기본적으로

1)경기침체 ➡ 2)금리인하 및 재정정책 ➡ 3) 시중 유동성 공급

  확대 ➡ 4) 자산 버블 형성

이라는 순환 사이클로 나타나는 것이다.

이 순환 사이클과 미국의 기준금리 변화를 기간 별로 비교해보면 금리변화가 확연히 나타난다. 금리는 1980년을 기점으로 순차적으로 떨어지고난 후 유동성 공급에 따른 자산 버블화 지수는 갈수록

유동성지수와 자산버블 발생시기

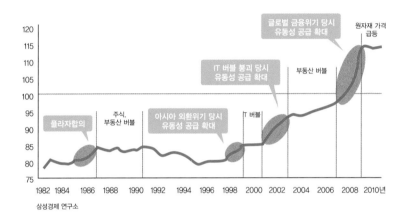

삼성경제 연구소

미국의 금리 변화

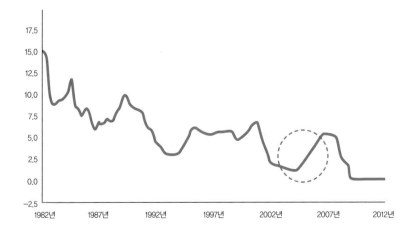

커지는 양상을 보이고 있다. 즉, 상황이 심각한 디플레이션 경기 침체일수록 금리 인하를 통하여 유동성의 공급은 더욱 강화하였던 것이다. 쉽게 말해 경기가 안 좋을수록 돈을 더 뿌렸다는 의미인데 결국, 통화팽창을 통한 자산의 가격 반응은 시차를 두고 버블이라는 현상으로 반드시 일어난다는 패턴을 보여주고 있는 것이다.

특히 미국은 2001에서 2008년 금융위기 이전까지 경기진작과 저물가를 유지하며 소위 말하는 골디락스 시대를 10년간 유지했다.

미국은 2001년 IT 버블붕괴 후 경기침체를 막기 위해 기준금리를 1.75%에서 2003년도 1%까지 낮추게 된다. 2001년 말부터 2005년 초까지 약 3년간 1%대의 초 저금리 정책을 단행하자 시중의 신용팽창이 급속하게 늘어나기 시작했으며 돈의 양, 흔히들 말하는 시중의 유동성이 매우 풍부해지게 된다.

이러한 미국내의 유동성들은 부동산에 투자되기 시작된다. 다른 자산들과 달리 1980년대 말부터 1990년대 말까지 10년 이상, 가격 조정을 받아온 미국의 부동산은 그 당시 다른 자산들에 비하여 저평가 된 것으로 여기던 터였다. 유동성의 증대로 인하여 주가지수까지 사상최대를 기록하고 실질소득이 증가하자 주택구입지수가 점점 늘어났으며 이러한 여러 현상들이 거품을 유발하는 계기가 된다.

게다가 대형 *모기지 회사들은 이때를 놓치지 않고 적극적으로 영

---

* **모기지 회사 (Mortgage)** : 은행이 대출을 실행하면서 담보물인 부동산에 저당권을 설정하고 이를 바탕으로 증권을 발행, 유통시켜 대출자금을 회수하는 회사를 말함.

업을 하면서 저신용자들에게 *모기지 대출을 감행하였다. 이로 인해 부동산 시장은 사상초유의 가격 상승을 하게 되며 거품의 증가가 더 더욱 커지게 된다. 금리 인하정책과 통화량을 폭풍처럼 수혈하였던 것이 부동산, 주식, 원자재 순으로 움직이며 자산가치를 과대하게 올렸으며 결국, 거품 현상이 발생하게 된다.

하지만 그 거품은 2008년 서브프라임 사건을 시작으로 급속도로 붕괴되면서 대공항에 버금가는 경제위기가 찾아온다. 지금 우리가 맞고 있는 현실의 시작이다.

저금리 정책, 유동성 확대가 급속도로 신용창조 기능을 팽창시켰으며 시장 내에 유동성이 급격히 늘어남으로 인한 부작용이 경제위기의 한 원이 된 것이 명백하다.

하지만 더욱더 무서운 것은 그럼에도 불구하고 2008년 말 금융위기 이후로 미국을 비롯한 각 선진국들은 생산성 하락을 걱정하여 기준이자율을 낮추고 통화량을 크게 증가시켰다는 점이다.

2009년 초 각 선진국들이 중앙은행을 통하여 공급한 본원 통화의 전년대비 증가율은 미국이 94%, 유로존이 9.9%, 중국이 10.3%이다. 최근 3차 양적 완화까지 천문학적인 숫자의 유동성이 확대되었으며 앞으로 시차를 두고 시중에 더욱더 공급을 할 예정인 것으로 보인

---

* **모기지 대출 (Mortgage Loan)** : 부동산을 담보로 주택저당증권(MBS)을 발행해 장기주택자금을 대출해주는 제도. 은행과 같은 금융기관이 대출을 할 때 담보물인 부동산에 저당권을 설정하는 것을 모기지(Mortgage)라 함.

다.

　굳이 설명을 하지 않아도 자산버블의 진폭이 더욱더 커질 것이라
는 것을 예상할 수 있다. 그럼 최근 전세계의 유동성 정책들이 어떻
게 자산가격에 영향을 미치고 있는지 또 다른 버블의 징조는 어디에
서 보이는지 이렇게 자산의 가격을 올리면 주택의 가격에는 어떠한
영향을 미치는지 살펴보자.

➡️

경기회복을 위한 미국의 노력은 일관된 유동성 확대정책이다.
그 과정을 하나씩 살펴보자.

2009년 이후 미국의 양적 완화 정책분석

최근 들어 미국의 유동성은 더 커졌다. 경기가 살아나지 않는다면
헬기로 달러를 뿌리겠다고 했을 정도이니 유동성 확대로 경기를 살
려보려는 노력이 얼마나 절박한지가 실감된다.

2000년 초반, 미국의 양적 완화는

부동산 ➡️ 주 식 ➡️ 원자재 순서로 인플레이션을 일으켰으나 최근
전세계의 저금리 정책과 미국의 양적 완화에 반응하는 자산시장은
원자재 정도이다.

2007년도부터 물가상승의 주범으로 급부상하고 있는 원자재의 가

격 상승은 2007년 3/4 분기, 주가가 13,800 포인트(pt)를 찍으며 급격히 냉각하였다. 반면 2008년 1/4분기, 원자재 가격지수가 2007년 6월부터 2008년 6월까지 불과 1년 만에 87에서 147까지 59% 정도 가격상승을 보여주었다.

이는 수익성확보가 어려워지자 그 자금들이 보다 나은 수익을 찾기 위해 옮겨간 결과인듯하다. 국제자본은 증시에서 원자재 시장으로 급격히 옮겨갔다. 이러한 가격 상승은 리먼 파산사태를 계기로 전세계 실물경기의 급격한 하락과 함께 원자재의 가격을 상승시켰다.

문제는 여기에 있지 않다. 금융위기 극복을 위해 펼친 양적 완화 정책이 실물경기의 개선 없이 유동성만 공급한 꼴이어서 투기성 자본으로 변했다는 점이다. 그로 인해 실물경기엔 투입되지 않고 가격만을 높이는 결과를 가져왔다. 원자재의 대표 주자 격인 금, 석유등과 같은 원자재는 현재 양적 완화 같은 유동성 공급에 직접적인 영향을 받아 급격히 오르고 있는 것이다.

즉, 국제시장에 유동성이 커질수록 달러의 가치는 하락했으며 하락한 만큼 반대로 원자재는 국제거래에서 가격이 상승하게 된 것이다. 현재 전세계 원자재 거래의 기준이 되는 *기축통화인 달러를 찍어낼 수 있는 권한은 미국밖에 없으니 미국의 유동성이 얼마나 증가했는지 살펴봐야 하겠다. 현재까지 미국의 양적 완화는 다음과 같이

---

*기축통화 : 국제간의 결제나 금융거래의 기준이 되는 통화.

이루어졌다.

미국의 양적 완화 주요 내용

1) 2009년 초부터 2010년 초까지 1차 양적 완화를 미국에서 실시. 내용면으로는 매월 750억달러씩, 총 1조 7000억 달러 규모(한화로 약 1800조 원)의 국채를 다음해인 2010년 6월 말까지 순차적으로 매입하는 방식으로 지원. 기준금리 또한 0∼0.25% 유지.

2) 2010년 11월, 약 6000억 달러 규모(한화로 약 640조 원) 의 양적 완화 정책을 발표 후 12월 잇따라 8,900억 달러 규모(한화로 약 946조 원) 의 감세 안 실행

3) 2012년 8월, 매달 400억 달러규모(한화로 약 425조 원) 의 주택저당증권을 미국의 고용사정이 나아질 때까지 무기한 매입. 초 저금리 정책도 물가 상승률이 2%가 될 때까지 연장.

일반적으로 금액의 단위가 조 단위가 넘어가면 그렇게 현실감 있게 다가오지 않는다.

그렇다면 앞에서 이야기 한 것과 같이 유동성 공급이 원자재가격에 얼마만큼의 영향을 끼쳤는지 실제 유동성과 실물자산의 대표주자인 원유 미서부텍사스산중질유 (WTI:Western Texas Intermediary)와 금 가격을 비교해보자.

2008년 12월 1차 양적 완화가 시작될 무렵 WTI와 금의 가격은 배럴당 43.6달러, 온스당 858달러 에서 시작하여 2차 양적 완화가 끝날 무렵 2011년 6월 95.42 달러, 1,500달러로 각 120%, 75%씩 두 배 가까이 상승한다. 이렇게 통화공급을 통한 유동성 지원은 원자재 가격상승에 영향을 미치는 것을 알았다. 원자재 가격이 상승하면

한국과 같이 석유를 100% 수입하는 국가에서는 물가 상승의 압력이 더욱 강해질 것이라 쉽게 예상할 수 있다.

조금 걱정스러운 점은 2차 양적 완화의 약발이 끝나고 3차 양적 완화 사이에 급격히 원자재와 증시가 하락하는 모습을 보여주고 있

양적 완화와 금, 석유 값의 변화

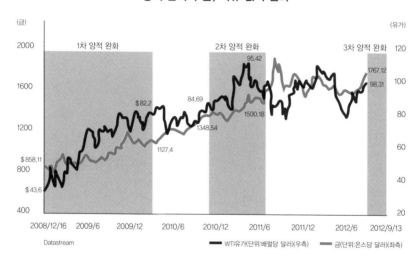

양적 완화와 주식 변화

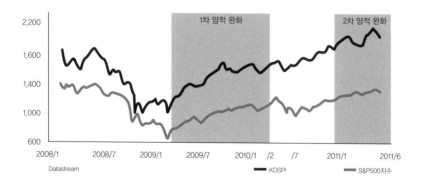

다는 점이다. 이는 현재 전세계 평균 GDP가 약 3%라는 것을 감안하였을 때 원자재 가격 상승률은 조금 과한 경향이 있기 때문인 것 같다. 실질적인 수요량의 증가라기 보다는 유동성 공급의 원인으로 오른 것이므로 이전 물가의 *헤징(Hedging)의 성격보다는 공격성 자산의 성향을 보여줬던 것이기 때문이다.

3차 양적 완화가 진행 중이거나 끝나기 전에 경기 선행지수가 상승하고 실수요들이 늘어난다면 물가 상승의 인플레이션 효과는 엄청날 것이라고 예상해 볼 수 있다. 이유는 유동성이 신용창조를 하기 때문이다. 특히 인플레이션을 거론할 때 가장 민감하게 반응하는 우리나라의 시장 품목은 주택시장일 것이다.

아직 원자재 같은 대체투자보다는 부동산이 일반인들에게는 대표적인 대체투자이기에 주택과 연관시켜 생각해보자. 우리나라처럼 자원의 외부 의존도가 높은 나라에서는 원자재의 수입 비중이 높기 때문에 원자재가격 상승에 민감할 수 밖에 없다. 그래서 주택에 들어가는 원자재의 가격이 계속 상승함으로 주택의 가격이 물가지수만큼 오를 수 밖에 없다라는 믿음을 가질 수도 있다.

주택과 건물을 짓는데 들어가는 철, 시멘트, 구리, 석유 등의 원자재 가격이 상승하면 주택의 건축에 들어가는 원가는 분명히 상승할 것이다. 그 중 국제유가 가격이 크게 상승하면 건물 관련 유지비도 증가함으로 실질적인 원가부담이 더욱 가중되는 것이 현실이다.

---

* **헤징(Hedging)** : 투자자가 보유하고 있거나 앞으로 보유하려는 자산의 가격이 변함에 따라 발생하는 위험회피 또는 위험분산의 시도.

이런 이유로 주택과 관련된 산업들의 자산 가격 상승 효과는 3차 양적 완화 이후 본격적으로 이루어질 확률이 높다. 삼성경제연구소의 〈글로벌 과잉 유동성 측정과 경제적 영향 분석〉에 따르면 2000년에서 2010년 사이 글로벌 유동성이 시차를 두고 자산가격 상승에 영향을 주는 것으로 나타났으며 국제 원자재 가격 및 신흥국 주식가격은 글로벌 유동성이 확대되고 나서 각각 9분기(27개월), 8분기(24개월) 이후 가장 크게 영향을 받는 것으로 분석되었다.

이에 최근 2012년 9월에 실시된 3차 양적 완화의 결과는 2014년 3/4분기 이후에 본격적인 상승세를 탈 것이라고 조심스럽게 예측해 본다.

특히나 이번 3차 양적 완화는 1, 2차 양적 완화처럼 미국 부동산 시장의 가격 하락이 진행되던 상황에서 실시된 것이 아니라 시장에서 주택가격의 회복 움직임이 나타나는 시점에서 나왔다는데 더 큰 의의가 있겠다.

➡ 특정지역에 급격히 풀린 유동성은 지가 상승에
반드시 영향을 준다.

2009년 저금리 정책을 통한 물가상승과 부동산가격의 연관성

앞에 잠깐 유동성공급이 원자재 가격상승을 초래하고 이는 물가
상승 인플레이션에 영향을 준다라고 언급하였다. 하지만 국내실정은
주택시장의 가격변화에 인플레이션의 관심이 더욱 집중되는 현상을
보여주고 있어 유동성과 주택가격의 연관성을 좀 더 살펴보도록 하
겠다.

조금 더 스케일을 줄이고 부동산 시장을 예를 들어 유동성 공급
과 가격상승을 이야기 해보자.

2012년 파주 운정 3지구에 토지 보상비로 3조2천억 원의 보상비

가 풀렸다. 기존의 토지를 소유하고 있던 지역의 주민들이 보상비를 이용하여 개발지역의 토지를 재매입하고 있어 주위의 토지가격이 많이 올랐다는 매일경제신문의 그당시의 기사가 눈에 띈다.

즉, 토지 보상금을 통하여 유동성이 유입되고 개발 호재를 바탕으로 외부 투기세력들까지 가세하여 주변의 땅값을 올려놓았던 것이다. 또한 외부수요 가세로 상승한 토지가격은 토지보상금 이상으로 올라갔을 것이며 토지구입 희망자들은 결국 추가 대출을 받아서 더 오른 가격으로 구매를 했던 것이다.

· 위치 : 파주시 교하읍 일대 695만㎡   · 보상비 : 3조2019억원
· 토지 소유자 : 약 1700명

〈매일경제 신문. 2012.6.25〉

즉, 통화 공급(보상금 지급) ➡ 수요확대 ➡ 대출 ➡ 토지가격 상
승으로 이어지는 현상이 벌어지는 것이다.

　이런 현상들은 국지적인 경우도 있지만 유동성의 의미에서 보면 현
재 우리나라 경제구조의 축소판이기도 하다.　유동성 측면 말고도
개발 호재 및 여러 다른 요소들이 작용해서 가격이 상승하는 경우도
있지만 유동성의 공급이 가장 핵심적인 내용이라고 볼 수 있다.
　유동성이 궁극적으로는 부동산 시장에 영향을 주어왔음을 우리는
여러 사례에서 볼 수 있는데 결국 이는 다시 거품을 유발하여 부작
용을 초래하기도 한다.

　신도시개발과 함께 토지보상금이 풀리면서 지가 상승과 전반적 부
동산 가격 상승에 일조를 했다는 현상을 기존의 데이터에서도 쉽게
발견 할 수 있다. 토지보상금이라는 통화 공급이 상승요인의 절대적

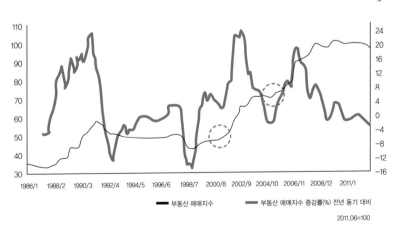

〈한국은행〉 주택매매지수(좌측), 주택매매가격 증감(우측)

■ 부동산 매매지수　　■ 부동산 매매지수 증감률(%) 전년 동기 대비

2011.06=100

인 판단의 기준이 될 수는 없지만 그 시기와 잘 맞물려 나타난 것이 사실이다.

그럼 이러한 현상이 어떤 일부 지역에 편중된 국지적인 현상이지만 보다 크게 우리나라 부동산 시장의 시간 흐름에 따른 변화를 확인해 보도록 하겠다. 어떤 통화정책이 있었으며 그 안에서 어떠한 현상이 목격되는지 확인해 보자

왼쪽 표에서 보면
1) 2001~2022년 : IT버블 붕괴로 정부가 경기진작을 위하여 저금 리 정책과 파주 신도시 계획 발표 및 보상금 지급
2) 2003~2006년 : 2기 부동산 금융규제에도 불구하고 판교 및 2 기 신도시를 중심으로 토지보상금 지급
하여 결과적으로 가격이 상승하였음을 알수 있다.

이렇듯 토지보상금을 통한 유동성 공급이 부동산의 가격상승의 중요한 요소라는 느낌은 지울 수 없다.

이규복 한국금융연구원의 "유동성과 아파트가격 관계분석 및 시 사점"(2007.3.24) 이라는 보고서를 보면 '유동성 증가율과 아파트가 격 상승률 사이에는 서로 양방향 인과 관계가 존재한다' 라고 설명하 고 있다.

이는 아파트 가격이 상승하는 즉시 유동성 증가로 나타나는데 반 해 유동성의 증대는 상대적으로 일정 시차를 두고 가격반영이 된다'

라고 설명하고 있다.

　물론 절대적이라고 할 수는 없지만 보상금과 같은 유동성 확대가 가격상승을 이끄는 중요 요인 중에 하나임에 분명하다. 통화 공급을 통한 가격상승이 시차를 두고 반응은 하지만 가격상승의 주요한 요인중의 하나이며 우리가 흔히 말하는 경기순환은 이러한 통화량의 증가와 감소를 통하여 물가의 진폭이 이루어지는 것임에는 틀림없다.

　그렇다면 토지보상을 통한 유동성이 아닌 국내 통화량 확대가 물가를 상승시키는 중요한 지표가 되는 것일까?

　대답은 당연히 '그렇다'이다.

　유동성이 증가함에 따라 물가도 시차를 두고 반응을 받기 시작한다.

　미국과 같은 선진국에서는 통화량이 증가하면 3~5년 정도, 일정한 시차를 두고 물가지수에 반응을 나타내기 시작한다. 반면 우리나라 통화량의 변화량과 물가와의 변화량은 거의 비슷한 패턴 또는 짧은 시차를 두고 같은 패턴으로 변하는 양상을 보여준다.

　단, 2004년과 2010년의 광의통화(M2) 유동성 부문이 갑자기 하락하는 구간을 나타내기도 하는데 이는 2003년 발생한 카드대란과

---

* **물가지수 (CPI: Consumer Price Index)** : 소비자가 일상 구입하는 상품이나 서비스의 가격변동을 나타내는 지수. 서울을 포함한 주요 도시에서 월 3회(5,15,25일)에 걸쳐 470개 상품과 서비스 품목의 가격을 조사하여 산출함.

LTV, DTI 부동산 정부 규제에 따른 유동성공급 억제정책의 영향 때문이다. 2010년은 2008년부터 시작된 부동산 경기침체로 아파트 매매 하락에 따른 유동성이 줄어든 데다가 농산물 및 원자재 상승으로 인한 물가상승으로 인하여 물가지수 * CPI가 상승을 보이고 있다.

소비자 물가 지수에 주택매매가격이 미반영

2006년도의 자료가 조금 이해하기 어렵다. 참고로 2006년도를 보면 통화량의 공급은 급격하게 늘어났지만 국내 소비자물가는 2%최저를 유지하고 있다. 이는 통계적 오류일 수도 있지만 한국은행이 조사하는 국내 소비자물가 지수에는 주택매매 가격은 반영이 되지 않기 때문인 것으로 보인다.

2006년에서 2007년 사이는 서울 강남도 아닌 강북 상계동 아파트가격이 1년 사이 최고 40%씩 오르던 시점이다. 하지만 2006년도 국내 GDP성장률이 5.5% 나 상승했으나 물가지수가 2%인 것은 좀

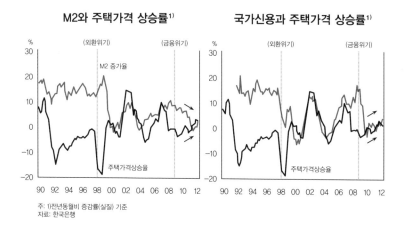

주: 1)전년동월비 증감률(실질) 기준
자료: 한국은행

이상하지 않을 수 없다. 부동산 매매가격이 자고 일어나면 오르던 그 시점에 국민들이 2%의 물가를 체감하기는 불가능 했을 것이다.

다시 돌아가서 통화량의 지표인 광의통화(M2)의 변화량에는 부동산이 중요한 요소로 포함되어 있지만 인플레이션 지표인 CPI(물가지수)에는 제외된 데이터의 왜곡이 있다라는 것이다. 즉, 통화량과 부동산의 가격변동만을 따로 비교하면 더욱더 비슷한 패턴으로 움직일 거라는 예측이 가능하다.

한국은행 최근 자료인 '통화지표의 유용성 분석 및 시사점' 자료에 따르면 통화량과 부동산 매매지수의 흐름이 어느 정도 상간관계를 유지하는 것으로 잘 나타나있다. 주택가격 또한 통화량과 비슷한 흐름을 보이며 IMF 외환위기 이후 변동성이 더욱 유사한 패턴을 유지하고 있다.

하지만 금융위기 이후 2008년도부터 통화량과 주택가격 지수 사이에 다른 양상을 보이기 시작한다. 주택가격의 하락세보다 광의(M2)통화량의 하락 속도가 더딘 양상을 보여준다.

여기에는 2가지 이유가 있다. 1)금융위기 이후 양적완화 영향으로 2009년 중반부터 2010년 초반까지는 외국인의 금융투자자금 유입으로 하락세가 둔화되었다.

이는 금융위기를 통한 경기하락으로 급격한 매매 가격 하락이 나타난 반면 전세가격은 금융위기 이후, 오히려 상승 추세를 보여주기 때문이다. 즉, 2008년 금융위기 이후 금융권에서는 주택 담보대출을 기피하는 반면 전세가격의 상승으로 인한 대출과 신용대출이 늘어났기 때문으로 보인다.

이렇게 통화량(M2)이 상승하면 일정 시차를 두고 부동산 가격이 상승하는 패턴을 보여주고 있으며 통화량(M2)과 신용증가의 상승정도에 따라 주택가격의 상승을 예상할 수 있다. 반면 주택 매매가격 하락기에는 전세 시장 동향과 양적완화에 따른 외국인 자금 등 외부경기에 따라 달라질 수 있음으로 총 신용증감을 주택매매 지표와 비교하는 것이 유용하다.

하지만 여기에도 주의 할 점이 있다. 주택가격 상승률은 2006년부터 하락세를 이어왔지만 총 신용은 오히려 증가하다 급격히 하락한다. 이는 부동산 가격 상승을 통한 기업형 PF 대출의 증가가 원인이다.

정리하자면 주택가격 하락기에는 대외변수로 인하여 통화량에 따른 주택가격 지수의 예측은 힘들지만 상승기에는 광의통화(M2) 증가 한 후 일정 시차를 두고 증가하는 패턴을 보여줘서 어느정도 예측이 가능하다.

또한 2007년에서 2009년 사이 금융위기라는 급격한 대외여건의 영향으로 통화량이 급속도로 줄어들었음에도 불구하고 부동산의 가격 조정은 LTV와 DTI와 같은 부동산 금융규제를 선재적으로 단행한 덕에 미국이나 다른 선진국에 비하여 하락폭이 상대적으로 낮게 나타나 추가 하락의 여력은 있지만 현재로서는 진정되는 모습을 보이고 있다.

게다가 2011년 초부터 통화량과 신용팽창에 의한 공급이 주택가격 상승률과 함께 증가하고 있는 모습을 보여준다. 즉, 통화량과 신용팽창의 공급 상승과 부동산 규제 완화 등의 흐름을 감안했을 때 시장에서 우려하는 급격한 가격의 조정은 크지 않을 것으로 보이며 오히려 추가 상승 가능성을 조심스럽게 예측해 볼 수 있는 대목이다.

부동산이라는 자산의 가격은 1차 방정식으로 풀 수 있는 요소가 아니어서 여러 가지 정책적인 요인들도 함께 생각을 해서 고려해야 한다. 만약 통화팽창으로 인하여 순간 매매가격이 높아졌다 하더라도 실질적인 경기지수, GDP, 실업지수, 가처분소득, 건축공급 등을 고려해야 하며 매수자들의 재무구조 개선 및 매매관련 정책들의 변수들 까지도 종합적으로 검토해야 하기 때문이다.

➡️ 지금은 디플레이션과 인플레이션의 중간에 머무르고 있다.

유동성의 함정 이란 무엇인가

　지금의 상황이 인플레이션 상황은 아닌 것 같고, 그렇다고 모두가 대출을 갚으려고 덤벼드는 디플레이션 상황도 아닌 듯하다. 그럼 과연 지금은 어떠한 상황인가?

　지금 전 세계는 저금리정책 기조와 양적 완화의 연속으로 통화량이 늘어난 상태처럼 보인다.

　하지만 여전히 경기는 좋지 않은 상황이며 시중의 돈은 움직이지 않고 있다. 유동성의 공급으로 통화량이 증가하면 신용팽창시스템이 작용하여 인플레이션이 발생 할 수 있는데 지금은 그런 상황 같아 보이지는 않는다. 결국, 신용팽창시스템이 작용하지 않는 것인데 그 이유는 무엇일까?

그래서 이런 질문도 역으로 해볼 수 있겠다. 유동성만 공급되면 가격과 물가는 반드시 올라서 인플레이션을 유발하는가 하는 것인데 반드시 그렇지는 않다는 점을 우리는 알아야 한다.

경기 활성화를 위하여 유동성을 공급했음에도 실제 현실에선 인플레이션으로 이어지거나 실물경기 상승으로 이어지지 않는 경우도 많다. 이러한 경우를 경제가 '유동성의 함정에 빠졌다' 라고 말한다. 돈이 함정에 빠져 팽창하지 않고 머무르는 것이다.

유동성의 함정이란 간단히 말해 시중에 통화량이 넘쳐나도록 정책적으로 풀어도 경기가 살아나지 않는 현상을 이야기한다. 이는 마치 돈이 시중을 돌면서 경기를 진작시키는 역할을 해야 하는데 그러지 못하고 함정에 빠진 것 같다고 하여 '유동성 함정'이라는 말을 사용한 것이다. 이 용어는 1930년대 대공황을 연구하던 경제학자 *케인즈 (John Maynard Keynes)에 의하여 처음으로 사용되었다.

각국의 나라별 위기 대응 방법에서 잠깐 소개하였지만 현재 각 선진국의 중앙은행과 정부는 제로(0%)금리와 채권매입 등을 통하여 시중에 유동성을 공급하고 있다. 금리정책만 놓고 본다면 더 물러날 곳이 없는 상황이지만 다른 방법을 병행하여 유동성 확대 정책으

---

* **케인즈 John Maynard Keynes(1946~1988) :** 영국의 유명한 경제학자. 대공황의 타개를 위해 정부가 민간경제에 대하여 적극적 간섭하고 정부지출을 늘려 유효수요를 창출함으로써 대량실업을 없애고 완전고용을 달성할 것을 제창한 케인즈 이론으로 유명함.

로 일관하는 것이다.

경기를 살리기 위해 인플레이션 상황을 조장하고 있다고도 말할 수 있다. 하지만 실질적인 경기지표들은 큰 움직임이 없거나 더욱 악화되고 있는 실정이다. 그렇다면 이렇게 시중의 유동성은 넘쳐나지만 경기상승으로 이어지지 않는 것, 다시 말해 유동성의 함정에 빠지는 이유는 무엇 때문일까? 라고 생각하게 되는데 의외로 그 질문의 답은 간단하다.

마땅한 투자처를 찾지 못해서 돈을 가진 사람들이 그저 현금으로 보유만 하고 있기 때문이다.

즉, 중앙은행이 시중은행의 채권을 매입하면 시중은행은 채권 판매금을 보유하고 있을 것이며 이는 신용 재창출을 위하여 다른 곳으로 대출을 해주던지 아니면 수익이 나는 다른 곳으로 투자를 해야 하지만 대출을 받으려는 사람도 없으니 그대로 머물고 만 것이다.

아직 경기침체에서 벗어나지 못해서 마땅한 투자처를 찾지 못했다면 현금으로 보유하고 있던지 아니면 안전한 채권 등에 다시 재투자 되기 때문에 신용 팽창이 이루어지지 않는 것이다.

유동성의 함정에 장기간 빠져있는 선진국의 사례를 살펴보면 가장 잘 보여주는 것이 일본의 잃어버린 10년과 같은 장기 침체이다. 많은 분들이 일본과 한국은 인구구조, 부동산 정책 및 문화적으로도 많은 부문이 유사하다고 생각하여 일본의 전처를 그대로 밟는 것이 아닌가? 라고 우려한다.

하지만 결론부터 말하면 유사한 부문이 많이 발견되나 일본과 같은 장기 침체로 가기에는 근본적으로 다른 부문 또한 많이 발견된다고 할 수 있으므로 같지 않다는 것이다.

인플레이션과 디플레이션의 구조를 살펴보면서 우리의 현실과 대입해 보는 과정을 지금 우리는 거치고 있다. 이론을 통해 인플레이션과 디플레이션은 통화공급을 통한 신용팽창에서 일어나는 순환주기에서 나온다는 것을 우리는 알았다. 이제 그 순환주기 어딘가에 우리가 서 있으며 그 위치를 점검해 볼 차례이다

.

결국 경기순환 주기 안에서 정부 중앙은행의
1) 기준금리 조절을 통한 이자부담 완화, 그를 통한 가계의
   소비진작
2) 지급준비율 조절을 통한 신용팽창유도
3) 채권매입 등으로 금융권들의 부실자산을 인수하여 체력적 여력
   을 마련하는 정책을 펼치며 통화량을 조절하여 경기부양 인플
   레이션을 조장하는 개념에 도달하였다.

하지만 버블 붕괴 시에 이러한 정부의 노력에도 불구하고 통화정책의 약발이 받지 않을 때가 있는데 이것을 이른바 "유동성의 함정 (liquidity trap)"이라고 한다는 것, 여기까지가 지금까지 우리가 걸어온 학습이다.

이러한 현상은 *대공항 (Great Depression) 당시 나타난 현상으로 돈을 아무리 풀어도 경기가 살아나지 않는 상황을 일컬어 부르던 용어였다. 문제는 이런 현상이 일시적으로 발생할 수는 있으나 장기적으로 유지될 때 그 피해는 크다라는 것이다.

통화정책으로 저금리가 이어져 돈 빌리기가 쉬워졌지만 그렇다고 이렇다 할 투자처를 찾지 못 할 뿐만 아니라 버블 붕괴 시 투자실패의 뼈아픈 기억으로 보수적인 투자입장을 고수하여 예·적금만을 늘리는 경우가 그렇다 하겠다. 좋은 본보기로 우리에게 잘 알려진 일본의 장기불황이 좋은 예라 할 수 있는데, 그 과정을 살펴보자.

지난 일본의 사례와 현재 금융위기 이후의 미국의 버블붕괴 이후의 진행상황을 확인함으로써 앞으로의 개선방향을 생각해 볼 수 있겠다.

이러한 차이들을 좀 더 자세히 살펴보기 위하여 국내 상황과 인구구조 및 경제성장 패턴이 비슷했던 일본과 최근 금융위기의 시작점인 미국의 사례를 보도록 하자.

---

* **대공항 (Great Depression) :** 1929년 10월 24일 뉴욕주식거래소에서 주가 대폭락을 계기로 1939년까지 세계적으로 지속된 경기침체를 대공황(Great Depression)이라고 함. 그 당시 미국의 실업률이 25%였으며 현재 금융위기 당시 실업률이 10%인 것을 비교하면 심각한 수준의 디플레이션을 경험함.

→
선진국들의 실패 사례들은 우리나라 정책의 선제 방어
능력을 키워주었다.

일본·미국 사례를 통해
우리가 알아야 할 것들은 무엇인가

일본의 장기불황은 1991년의 자산가치급락이 원인이었다. 1970에서 1980년대까지 일본에선 주식과 부동산 자산가치의 급격한 상승이 있었으며 사람들은 맹목적으로 주식과 부동산을 사 모으기 시작했었다. 투기적 이익에 사람들의 마음이 홀려 있는 시기에는 잘못된 맹목적 믿음의 결과는 언제나 비슷하다.

실제적인 투자 가치가 있어서라기보다 투기에 가까운 '양떼 현상'이 맹목적으로 가격을 올렸던 것이다. 계속해서 가격이 오를 것이라는 투기심리가 시장에 작용하였으며 이러한 믿음들이 일본에게 잘못된 마구잡이식 자산매입을 부추겼다.

　이렇게 오른 자산은 1990년에 들어와 급격하게 하락하기 시작하면서 거품이 급속도로 빠져나가게 된다. 거기에 인구 고령화 및 재정 정책의 실패까지 겹치면서 현재까지 장기 침체에서 벗어나지 못하고 있다. 하지만 그 내면을 자세히 살펴보면 결국 미국과 강대국들의 금융자본주의 변화에 적응하지 못한 탓이 크다 하겠다.

" *플라자 합의가 일본장기침체의 시작! "

　1970에서 1980년에 걸친 일본경제의 호황을 무기로 전 세계를 무대로 자산쇼핑을 하던 일본은 플라자 합의 이후 급속한 엔고 현상이 진행되었으며 이에 따른 수출하락이 경기침체를 발생할 것이라는 우려가 팽배하였다. 이에 일본 정부는 경기침체를 막고 내수경기를 부양하기 위하여 저금리 정책을 시행하기에 이른다. 하지만 이러한 저금리 정책은 기업들의 시설 과잉 투자와 주식 및 부동산 자산을 사모으는데 집중시켰다.

　결국, 일본은 1990년 주식시장의 정점을 찍으며 이듬해 부동산과 함께 자산가격의 폭락을 경험하게 된다. 이러한 부동산 자산가치의 하락은 기존대출에 큰 영향을 주었다. 경기가 좋을 때 높아져있던 대출 비율이 초기에는 자산의 가치를 올리는 모양새를 하였지만 결

---

* **플라자 합의** : Part 4장 '우리는 일본을 닮은 것이 아니라 일본을 통해 배우고 있는것이다'에서 자세히 다룸

국, 자산의 가치가 꺼지면서 대출의 부실로 이어지게 된 것이다.

사람들이 폭락한 부동산 자산을 팔아도 대출을 갚지 못하는 사태를 맞이하여 파산자들이 속출하기 시작했다. 그 결과 은행에는 부실채권이 눈덩이처럼 쌓이며 금융 기관으로부터 돈을 빌려야 하는 기업들은 자금난에 허덕이게 되었고 점점 투자를 꺼리게 되었으며 가계는 소비를 거의 멈추게 되어 불황이 시작된다.

이러한 상황을 빠져나오기 위하여 1993년부터 재정 확대 정책과 통화량 확대를 통한 경기진작을 시도하였으나 잠시 회복되나 싶더니 1996년 아시아 외환위기가 발생하며 상황은 더 안 좋게 된다. 결국 일본은 초 저금리 정책을 유지하게 된다.

하지만 자산가치의 하락과 재정정책의 실패를 통하여 투자의 여력을 잃었던 시장은 인구노령화라는 사회적 현상까지 겹치면서 생산성 저하와 장기 경기 침체를 겪게 되고 만다.

우리에게도 일본의 이러한 버블붕괴가 일어나기 전 상황과 유사한 점들이 발견 되지만 분명 다른 점 또한 많다. 한국금융연구원 박종규 연구원의 〈부동산 버블 붕괴와 장기침체 : 일본의 경험과 시사점 2006〉에서는 '부동산 버블 붕괴로 인한 부실채권의 증가가 경기침체의 발단이 된 것은 사실이지만 10년 이상 장기 침체한 원인으로는 부동산 버블이 결정적이지는 않다'라고 말하고 있다.

주요 원인으로는 부실채권 정리에 대한 정부의 미온적 대처와 1980년대 후반에 걸쳐 실물경제에 누적된 과잉 투자 및 과잉 고용조정이 즉각적으로 이루어지지 않았던 점이 기업들의 설비투자 부진으로 이어졌으며 그것이 결정적 원인이라고 설명하고 있다.

이러한 점을 놓고 봤을 때 우리나라도 일본의 장기 불황을 닮아 부동산 버블 붕괴의 잠재성은 있으나 현재의 가격 하락 속도를 보면 단기간에 급속한 가격 붕괴가 아닌 점차적 하락 내지는 조정 정도일 것으로 예상된다는 점에서 다르다 하겠다.

다행히도 우리나라는 1997년 IMF 위기 상황을 겪으면서 상당부분 안정적인 구조조정에 성공했으며 과잉 투자나 과잉 고용은 당연히 일어나진 않은 상태이다. 게다가 2002년 부동산 가격이 급등하면서 LTV, DTI 등의 대출 규제를 장기간 해온 탓에 대출이 급격한 부실로 이어지는 일은 일어나지 않고 있다.

만약 위기가 오더라도 즉각적인 정부 재정정책과 기업들의 구조조정을 통한 적극적인 대처로 기업의 설비투자가 늦춰지지 않을 것으로 예상되기 때문이다.

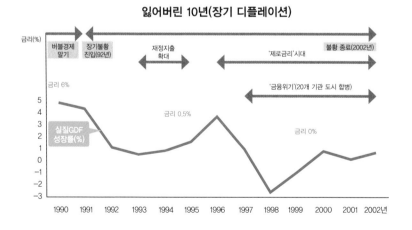

잃어버린 10년(장기 디플레이션)

미국의 사례는 어떠한가?

많은 분들이 미국의 유동성 함정에 대하여 걱정을 많이 하고 있다. 그만큼 미국이 전 세계 경제에 커다란 영향력을 행사하고 있다는 반증이기도 하다. *디커플링 현상으로 대미 무역의존도가 낮아졌다고는 하나 결국 미국이나 선진국이 살아나지 않는 상황에서 중국 혼자서 내수를 기반으로 성장 기조를 유지할 수는 없을 것이기 때문이다.

유럽은 좀처럼 회생할 기미가 보이지 않는 가운데 G2(미국과 중국) 경기의 작은 뉴스에도 출렁이는 것이 현재의 금융 시장의 모습이라고 하겠다. 통화를 엄청나게 풀고 있는 덕에 그나마 미국은 최근 들어 회복세를 조금씩 보이며 좋아지고 있는 모습이다. 결국 유동성의 함정을 넘어 경기가 개선되어 나가는 모습을 최근에 보여주고 있다.

아래의 그래프를 보면 2005년에서 2008년까지 총유동성(Lf)이 꾸준하게 상승하는 모습을 보여주고 있다가 2008년도 금융 위기를 기점으로 2010년도 중반까지 급격하게 하락하는 모습을 알 수 있다.

특이한 점은 2008년과 2009년 사이 협의통화(M1)와 광의통화(M2)가 잠깐 급격히 늘어나는 모습을 보여주고 있는데 상식적으로 생각 했을 때 정부의 통화량 공급에 의해 광의통화(M2)가 증가하면

---

* **디커플링 현상** : 세계경제의 동조화 현상의 반대의 뜻. 즉, 세계경제의 탈 동조화란 최근 미국이나 유럽과 같은 선진국에서 발생한 수요 또는 공급이 다른 국가들의 경제에 미치는 영향력이 약화되는 현상. 2009년 유럽과 미국의 선진국 경제상황이 좋지 않으나 동아시아 국가의 경기는 좋아진대서 주목 받기 시작.

시중의 유동성(Lf)까지 같이 상승하는 것이 일반적이라고 예상해 볼 수 있다.

그런데 종전의 양상과는 너무 달라서 흥미 진진한 상황이다. 이러한 현상은 한마디로 통화량은 늘었다는데 시중에 돈이 잘 유통되지 않고 있다는 결론 밖에 되지 않는다. 그 기간이 '유동성의 함정'에 속하는 기간이다.

금융위기를 통하여 금융권의 시장 위축이 왔을 때 은행들이 자금을 확충하기 위하여 *은행채 또는 **양도성예금증서(CD)를 발행하면 개인이나 기업들이 은행에 현금을 주고 매입을 하게 된다. 그러면 통화의 유동성은 은행으로 다시 흡수되고, 광의통화 (M2)인 양도성 예금증서와 은행채를 포함함으로 일시적으로 증가하게 된다.

쉽게 말해 흔히들 이야기 하는 돈맥경화 즉 시중에 돈이 유통되지 않은 현상이 일어나는 것이다.

정부는 통화를 발행해서 시중은행이 보유하고 있는 국채와 부실채권을 매입한다. 은행은 판매한 돈으로 기업과 개인에게 대출을 더 해주고 기업과 개인은 대출받은 돈으로 시설투자와 소비증진으로 일어나야 정상적인 경기의 선 순환 사이클이 이루어지는 것이다.

하지만 현재로써는 금융권이 국채를 판매한 돈으로 다시 다른 국채 및 안전자산에 투자되고 있다. 기업은 불확실한 미래에 대비하

---

* **은행채 (Bank Debenture)** : 특별법에 의해 특정 금융기관이 장기융자를 위한 자금을 흡수할 목적으로 발행하는 채권.
** **양도성예금증서 (Certificate of Deposit)** : 은행 정기예금에 양도성을 부여한 것. 발행 기관은 은행이고 유통기관은 증권사와 종합금융회사이다.

기 위하여 현금성 자산(M1) 확보에 치중하고 있으며 시설 투자를 위한 신용자금 조달(Lf)은 피하고 있다. 개인은 현재 부동산 및 대출금과 이자를 갚아나가기가 바쁘며 투자 하더라도 이자를 포기하더라도 CMA, MMF같은 단기 안전성 자산으로만 투자되고 있는 것이다.

한마디로 2009년도 초의 광의통화(M2) 증가는 실제로 시중의 유동성이 풍부하여 증가한 것이 아니다. 자금경색으로 인하여 양도성예금 또는 은행채가 증가해서 광의 통화량이 잠시 증가한 것이라 할 수 있겠다. 또한 불확실한 경기변화를 기반으로 개인과 기업들이 다른 유동성 자산들을 없애고 최대한 현금확보를 선호하는 것을 보여주고 있다.

이렇게 2009년에서 2010년까지의 1차 양적 완화에도 불구하고 미국의 국내 총생산(GDP) 증가는 0.4% 정도로 그친다. 이로 인하여 시장에서는 미국도 일본과 같은 유동성의 함정에 걸린 것이 아닌가

미국 통화량 추이

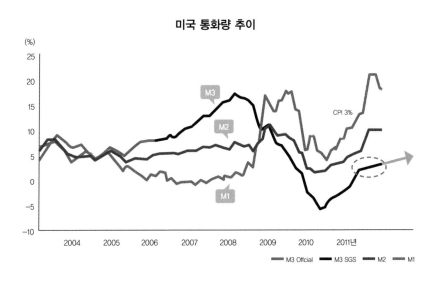

의심하기 시작했다.

2011년 2차 양적 완화가 본격화되기 시작하면서 통화량의 공급과, GDP성장률은 2011년 연말 기준으로 3%까지 상승하기에 이른다. 즉, 시장에 통화량 축소인 디플레이션이 발생했을 시 신속한 통화정책과 구조조정만 따라준다면 시장은 시차를 두고 유동화 통화 정책에 반응을 보이기 시작한다라는 의견으로 기울기 시작했다.

물론 전에 있었던 버블 인플레이션이 얼마나 심했느냐에 따라 반응의 속도가 다르며 통화정책에 즉각적으로 시장이 반응하느냐의 시간차 Timing (GAP)가 생기게 되는데 이러한 갭들은 가격조정과정의 자연스러운 현상이라 볼 수 있다.

정리해보면 1차 양적 완화로 유동성 공급이 되었으나 정상적인 신용창조가 이루어지지 않았다. 돈맥경화라 하여 현금성 자산에만 치중하는 결과를 나타낸 것이다. 이렇다 할 실질성장률과 부동산 시장의 개선이 없자 2차 양적 완화를 시행하기에 이른다.

이 또한 초기에는 반응이 없자 유동성의 함정을 의심하기 시작하지만 2011년 2차 양적 완화로 물가지수 3% 상승과 원자재값 상승으로 인하여 스태그플레이션의 의심을 받게 된다.

현재 2013년 유동성 위기와 스테그플레이션이라는 우려와는 달리 세계적인 경기 침체에도 불구하고 2012년과 2013년, 2년 연속 GDP 상승을 예측하는 나라가 되었다. 아마도 시장의 우려들은 장기적으로 물가상승을 기초로 소비진작을 이루어가는 과정의 하나라고 예측해 볼 수 있다.

지금의 미국 상황은 단편적으로 보면 여러 우려의 요소들을 가정

하는 단계처럼 보이나 장기적 추세를 보면 극복해나가는 과정이라고
생각하는 것이 옳을 것이다.

➡ 소비는 줄어드는데 물가는 오르는 특이한 상황이
스테그플레이션이다. 이는 대출을 갚아나가서 시중의 현금량이
줄어드는 디플레이션과는 다르다

과연 지금은 디플레이션인가
스테그플레이션인가

　최근의 경제상황을 보면서 정상적이지는 않다라는 생각을 한 번
쯤은 가져보았을 것이다. 다들 경기가 좋지 않다는데, 소비가 줄어서
큰 일이라는데, 그럼 당연히 물건을 사는 사람의 소비가 줄게 되어
가격은 떨어져야 정상인데 물가는 계속 오르는 것처럼 느껴지니 말
이다.

　이러한 의문스러운 상황을 경제학에서는 스테그플레이션이라고 표

현한다.

간단하게 설명해 경기침체를 통하여 실물경기가 좋지 않으면 소비가 줄어 들게 되어 물가 자체가 같이 낮아지는 것이 우리가 아는 정상적인 경기침체, 디플레이션이라 하는데 특이하게도 경제불황 속에서 물가상승이 동시에 일어나는 현상이 그것이다. 가끔 시장은 이러한 이상한 시그널을 보여주고 있다.

대표적인 스테그플레이션 사례는 1970년대 초에 있었는데 그 당시엔 경기침체에도 불구하고 오일가격 상승이라는 현상이 나타났었다. 1973년 미국경기는 서서히 침체에 들어섰고 급기야 1975년 초까지 16개월간 지속적인 하락세를 보여주고 있었다. 아마도 이는 1930년 경제 대공항 이후 가장 긴 하락세가 아닌가 싶다.

하지만 이러한 경기 침체에도 불구하고 이 당시 1973년 초 소비자물가지수(CPI)가 3.6% 증가에서 불과 2년 뒤 1974년 말에는 전년 대비 12.5%까지 치솟으면서 물가상승률은 종잡을 수가 없게 된다.

물가의 이러한 상승의 근본 원인은 우리가 자주 이야기하는 1970년대 오일쇼크에 있었으며 유가의 급등으로 인하여 민간, 기업, 정부 할 것 없이 기본적인 생활 및 공공재의 물가를 크게 높여놓은 결과를 초래하게 된다.

오일파동

1973년 10월 6일 발발한 제4차 중동전쟁을 계기로 1973년 10월 16일 페르시아만 지역의 석유수출국 6개 나라, 석유수출기구(OPEC) 회의에서 원유고시 가격을 17% 인상 발표하고 다음날 이스

라엘이 아랍 점령지에서 철수할 때까지 매월 원유생산량을 5%씩 감산하기로 하여 73년 배럴당 2.59달러였던 오일이 1년 만에 11.65달러까지 무려 4배 가까이 오름으로써 전 세계의 물가를 올려놓는 계기가 되었다.

이로 인하여 사회 전반의 생산비용이 급등하였으며 이는 물가상승을 주도하게 된다.

이렇게 급등하는 물가는 사람들의 소비심리를 얼려버렸으며 이렇게 치솟는 물가를 잡기 위하여 금리 또한 치솟기 시작한다. 물가를 잡으려면 돈의 가치를 높여야 하므로 인플레이션 상황과는 반대로 돈의 축소 정책을 펴게 되는 것이다.

원가압박과 소비심리 저하는 바로 기업의 수익성을 낮추는 결과를 초래했으며 급기야 1975년 미국은 실업률이 8.7%까지 급격히 증가하기에 이른다.

오일파동의 예로 보듯이 스태그플레이션은 전체적인 경기침체가 일어나는 디플레이션과 달리 경기 하락 속에서도 물가는 고공 행진을 하는 차이점이 있다. 이는 현재 경기침체 상황에서도 유가와 같은 원자재 가격의 상승으로 인하여 물가상승이 우려된다는 점에서 현재 우리의 경제상황과 유사하다.

금융위기 이후 미국과 유럽의 실업률의 급격한 증가는 2008년 10%에서 현재 조금 호전된 상황임에도 불구하고 2012년 9월 말 기준으로7.8% 에 육박할 만큼 경기침체를 경험하고 있는 와중이다. 경기 진작을 위하여 미국의 양적 완화 발표가 있을 때마다 석유 및 원자재의 가격이 이러한 호재에 반응하며 가격이 급등하는 점에서 공통점을 찾을 수 있겠다.

차이점이 있다면 1970년대는 전쟁이라는 외부의 변수로 인하여 석유라는 특정 자원의 공급에 영향을 받아 급격한 가격 상승을 일으켰다는 것이지만 지금의 상황은 경기침체를 이겨내기 위한 방법으로 공급된 유동성에 의해 석유뿐 아닌 원자재와 곡물 전반에 걸쳐 투기성 자본이 집중되어 가격을 향상 시키는 요인으로 작용한다라는 점이 다르다 하겠다.

이제, 미래가 어떻게 될지 예상해보면
대한민국 경제는 지금 인플레의 터널을 지나기 바로 전이다!

대한민국의 경제터널은
지금 어디로 가고 있나 / 시나리오 예측

두 가지 시나리오로 가정하여 접근해 보자.

숨 가쁘게 많은 것을 이해하고 왔다. 이제 이론을 토대로 하여 우리의 현재 상황을 이론과 현실을 접목하여 살펴볼 때다.

누구나가 느끼는 언어로 정의 내리면, '불확실성의 시대'가 맞을 듯하다. 희망과 절망의 공존일 수도 폭풍 속의 고요일수도 있겠다. 지금껏 설명한 인플레이션과 디플레이션으로 표현하면, 어느 한쪽으로도 갈수 있는 상황이 될 수 있다.

하지만 불확실성의 시대임을 확인하기 위해 우리가 이런 어려운 공부를 하는 것은 아닐 테니 불확실성 속에서 확실성을 찾아야겠다. 항상 어제만을 기억하고 오늘만을 살며 미래는 늘 불확실하지만 그렇다 하여 절망 내지는 막연한 희망에 앉아 있을 수만도 없는 노릇이기 때문이다.

유럽의 재정위기, 미국의 재정절벽 등 비관적인 목소리들이 많은 것이 최근의 현실이지만 경제가 암울할수록 시장을 지배하는 경제주체들의 반응은 극단적인 견해를 내걸기 마련이니 우리는 다른 각도의 시선을 가져야 하겠다.

시장에 극단적인 의견이 대두될 때는 불필요하게 시장을 과대 해석하거나 또는 막연한 믿음으로 위험요소를 과소 해석하게 된다. 하지만 과거의 여러 일들을 잘 생각해보면 시장의 모든 뉴스들과 경제주체들이 상승을 이야기할 때 갑자기 극단적인 침체가 기다리고 있었으며 모든 경제주체들과 언론들이 침체를 이야기할 때 어느 순간 나도 모르게 호황이라는 뉴스를 접하기도 했었던 점을 주목해야 한다.

두 평가 중 어느 하나라도 경기침체 또는 위기를 이겨내는 데는 별로 도움되지 않는다. 경기 침체론자들은 경기가 곧 붕괴되며 장기 침체의 서막이라고, 조금의 노력으로 쉽게 극복할 수 있는 경기 하락기를 극단적인 어둠의 뉴스로 몰고 가기도 한다. 닥터 둠으로 유명한 루비니 교수가 대표주자인 것 같다.

경기를 너무 과소 평가하는 쪽은 어둠이 있으면 언젠가는 밝음이 오는 법, 경기순환론을 믿으며 그저 기다리면 경기가 좋아질 거라는 막연한 생각을 갖는다. 하지만 막연한 기다림으로 선제 재정정책이나 기타 조치들을 하지 않는 경우가 생길 수 있으며 때를 놓치는 경우가 많다.

이렇게 극단적인 생각으로 치우치다 보면 시장을 객관적으로 보는 판단력을 잃어버리기도 하고, 반드시 진행해야 할 무언가의 일을 하지 못하고 놓치게 된다. 그래서 이 책의 독자들은 너무 편향된 시각으로 시장을 바라보지 않았으면 하는 바램이다.

경제/금융, 현상을 공부하는 한 사람으로서 어디까지가 과대해석이고 어디까지가 과소해석인지 정의 내리기는 쉽지 않다. 세상 모든 공부를 다 한 사람이 와도 그 답을 찾기 힘든 건 마찬가지일 것이다.

하지만 그러한 노력의 바탕 하에 답을 찾으려 함을 게을리 해서는 안될 것이다. 비록 쪽집게 부채도사 같은 능력은 우리에게 없을지 몰라도 최선의 선택이라 생각하는 방법으로 행동해 나가야 간다.

이럴 때 일수록 실제 현장을 탐방해 시장의 심리와 흐름을 파악하고 발표된 지표를 해석하여 남들과 다른 방향성을 찾아야 한다. 시장과 정책의 괴리도 찾아보고, 학자들의 해석상 오류도 현실과 맞춰봐야 한다.

시장에 도전하고 공부하며 나름 해답을 찾는 방법 중에 하나로 이미지 트레이닝의 방법이 있다.

머릿속에서 대표적인 시나리오를 그려보고 그 시나리오 안에서 의심스러운 점은 체크하고 확실한 부분은 남겨두어 어느 정도 가정을 구체화해 보는 것이다.

이제 그 가능성의 시나리오를 놓고 나름 방향성을 찾아 보려고 한다. 불확실성의 시장에서 가장 많이 오르내리는 시나리오 두 개를 살펴보고 어느 쪽에 무게를 더 줘야 하는지를 알아보자.

시나리오 첫 번째
금융불안 ➡ 지속 저성장 ➡ 경기침체 지속Deflation

　최근 경기전망의 대세는 저성장이다. 이는 아직 발전의 폭을 더 키워야 하는 우리나라로서는 좋지 않은 전망이다. 저상장 기조는 이미 발전을 다해 버린 선진국에서나 볼 수 있는 표현이다. 저성장의 시대로 본격적으로 진입했으며 인구 고령화로 생산가능 인구가 급격하게 줄어들어 일본과 같은 장기 경기침체를 가질 것이라는 우려의 목소리가 곳곳에서 들려온다. 아직 선진국의 혜택은 누려보지도 못하고 저상장 기조라니 씁쓸하지 않을 수 없으며 있어선 안 되는 일이다.

　특히 부동산 시장 내에서도 하우스푸어와 깡통주택 관련하여 우려하는 데이터들이 넘쳐나고 있다. 전세는 오르지만 매매가는 떨어지는 기현상도 벌어지고 있다. 하지만 심리적 요인으로 작용한 일시적인 상황을 우리는 분석의 데이터로 쓸 수 없다. 이럴 때일수록 시장을 객관적으로 바라보고 어떤 점이 과대평가 되었으며 어떤 점이 과소평가 되었는지 앞으로 우리가 겪을 수 있는 가상의 시나리오가 어떤 것이 있는지 살펴야 한다. 그 첫 번째 시나리오로 끝없이 암울한 '하락'부터 먼저 가정해 보자.

버블붕괴 ➡ 자산가치하락 ➡ 소비심리 악화

➡ 경기침체 (디플레이션)

1. 아파트 가격을 비롯한 실물자산의 급락. 지나온 막연한 희망의 경제버블들이 지금처럼 계속하여 붕괴된다
2. 대중이 느끼는 자산가치는 계속하여 하락하고 반대로 돈의 가치가 높아지기 시작하며 물가는 오른다.
3. 소비심리는 급격히 줄어들어 자산가치 하락에 더 큰 불을 당기게 되고
4. 이로 인해 부담이 되는 대출을 갚아나가는 사람들이 많아지며 빚은 줄이고 현금을 보유하려고 하는 사람들이 많아져 시중의 유동성은 줄어들고 장기 침체로 들어가게 된다

위의 상황을 의학드라마의 상황극으로 본다면 어떨까?

장기간 수술의 후유증으로 경기라는 심장박동이 급격히 낮아 질 때 옆에서 지켜보던 수석 의사가 외친다 전기 충격 몇 볼트!!~

점점 전압을 높여가며 초 저 금리라는 극약 처방을 써보지만 이미 노령의 나이 고령화가 진행 중이고 사채 빚을 갚으면서 몇 년간 대출금 상환 압박에 시달려 심신이 많이 지쳐있는 상황. 극약처방마저 미봉책으로 느껴진다.

결국 의료진의 각고의 노력 끝에 심장박동이 정상으로 돌아왔지만 좀 전에 썼던 약물이 몸 안의 스트레스를 일으키며 발작 증세를 일으킨다. 한치 앞을 내다 볼 수가 없는 상황이다. 하지만 의료진의 각고의 노력 끝에 또 한고비를 넘긴다. 마지막으로 극도로 쇠약해진 주인공의 심신에 또 다른 부작용이 생길 수 있음으로 절대 안정이 필요하다는 말을 남기고 의료진은 사라진다.

아마 이런상황이 시나리오 첫번째와 비슷하지 않을까 싶다. 많은 비관론자들이 예견하는 시나리오이다.

하지만 지금 우리의 체력, 전세계의 경제가 그렇게 노령화되고 막판 분위기인가에 대하여 본책의 저자는 그렇지 않다고 보고 있다.

아직 자본주의 나이는 젊으며 희망을 충분히 가져도 될 시기이다. 자본주의 경제 구조가 무언가 미숙한 경험을 갖고 있긴 하지만 그건 바꿔 말하면 아직 젊고 변화의 가능성을 충분히 갖고 있는 것이리라.

그래서 두번째 시나리오에 가능성을 두고 있다. 그 이유는 자본주의 경제구조가 부족한 면은 있는 것은 맞지만 잘못된 방향은 아니라는 데 있다. 또한 시행착오의 과정 중에 오류를 수정하면서 보다 나은 미래를 펼칠 것으로 기대한다. 아직 세계경제는 아픔을 겪으며 성장하고 있는 것이다.

시나리오 두번째

금융불안 지속 ➡ 경기침체 ➡ 재정확대 ➡ 스태그플레이션 ➡ 금융확대 ➡ 과잉유동성 ➡ 하이퍼인플레이션

이제 그럼 상승의 방향으로 시나리오를 다시 그려 보자.

1. 지금 현재의 상황처럼 금융불안이 지속된다.
2. 이에 따라 경기는 급속도로 냉각되며 아파트 가격하락과 같은 버블 붕괴가 연쇄적으로 일어난다.
3. 이를 막기 위해 각종 재정 확대 정책이 실시된다.
   재정확대는 신용창조로 이어지지 못하고 '유동성의 함정'에 빠져 시장에 도움이 되지 못한다. (여기까지가 지금 현재까지의 모습이다)

4. 이로 인해 재정이 확대되어 돈의 가치가 떨어짐에도 물가는 오르는 이해될 수 없는 상황이 펼쳐진다(스테그 플레이션)
5. 이를 극복하기 위한 극단의 처방으로 달러가 헬기로 뿌려지는 정도의 정책까지 확대된다. (그 만큼 유동성이 커질 가능성이 농후해 진다.)
6. 경기가 살아나기 시작하며 실물자산에 대한 가치기준이 재정립된다.
7. 커진 유동성이 신용창조 기능에 의해 급속도로 커져 돈의 가치가 급격히 떨어질 것이라는 위기의식과 함께 인플레이션이 대두된다
8. 그래도 아직은 경기가 살아나지 않았다 보고 재정확대 정책은 꾸준히 계속된다.
9. 경기 바닥의 시그널이 포착되고 시중의 돈들은 신용창조 기능을 급격히 시작한다.
10. 신용창조 기능에 의해 늘어난 돈의 양에 의해 하이퍼 인플레이션이 온다.
11. 시중의 돈들을 다시 정책적으로 흡수하려는 출구전략으로 전세계 모든 나라들은 방향을 전환한다.
12. 각국은 서로 눈치를 보며 출구전략의 위험성에 따른 부담을 가지려 하지 않게 되며 전체적 불균형과 불안이 오히려 다시 역작용 한다.
13. 신용창조 기능에 의해 늘어난 돈들이 경제를 부흥한다.

앞에서 언급한 일본은 위와는 다른 게 버블을 이겨내기 위한 노력으로 다음과 같은 정책을 펴나갔다.

금융권의 구조조정 ➡ 부실자산 매각 ➡ 높은 금리
➡ 자산가격 하락 ➡ 시중의 급매물 증가 ➡ 소비심리 침체
➡ 은퇴세대 본격진입 ➡ 가계부채 심화
➡ 경기가 하락으로 이어지는 침체의 연속

이러한 정책 방향은 짧게는 10년, 길게 20년이라는 장기침체의 결과로 일본 국민에게 돌아갔다. 인구구조와 경제사이클(Business Cycle)이 비슷한 우리로서는 충분히 일본과 같은 전처를 답습할 수도 있다는 내용의 책도 현재 시중엔 많다.

이에 필자는 조금 다른 견해를 가지고 있다.

1) 대외여건에 대한 대응의 방법

2) 가계부채 구조

3) 인구구조 부문에 있어서 과대 해석되는 부문들을 진단해 보아야 하며 정책 대응에 대한 방향을 객관적으로 바라보아야 한다. 결국 우리나라는 일본의 선례를 보면서 대외여건, 부채구조, 인구구조 대응 방안 등을 일본과는 전혀 다르게 전개하고 있다. 그 결과 역시도 다르다.

하지만 다른 방향으로 시나리오를 가정하여 진행되는 극복의 과정도 그렇게 순탄한 상황만은 아닐 것이다. 전세계의 경기침체의 늪을 비단 국내의 경기사정만 피해갈 리가 만무하기 때문이다.

미국과 한국의 경제 사정이 무척 어려운 것은 누구나가 부정할 수 없지만 일본의 경험, 지난 여러 정책들의 실패를 거울삼아 잘 이겨내고 있다라고 보는 것도 사실이다. 이전의 위기와 비슷하게 결국 잘 극복될거라 믿는다.

시나리오 두번째에 확률이 많은 이유는 무엇인가

시나리오 두번째에 본 저서는 믿음을 두고 있다. 절망이 아닌 희망을 갖고자 하는 막연한 기대에서 생겨난 논리는 아니다. 앞장에서 이야기 한 시나리오 첫번째는 과거 일본의 사례인데 우리는 그 길을 갈수 없는 다른 구조를 갖고 있다고 믿기 때문이다.

사람들은 지겨우리만치 일본의 20년 장기 침체와 우리의 상황을 비교한다. 금융위기 이후에 선진국들의 장기 경기침체로 금융불안의 여파가 지속되고 이로 인하여 자산가격의 재조정을 심하게 받을 것임에는 분명하지만 그것이 우리의 경제구조가 일본의 모습을 닮는다는 것과 정확히 무슨 연관성이 있는지는 조금 의아하다.

결국, 급속한 노령화 인구로 인하여 산업 생산성이 급격하게 저하되어 일본과 같은 장기 저성장으로 갈 것이라는 시나리오인데 이는 살짝 억지로 맞추기에 가깝다. 사람들이 가장 대표적으로 걱정하는 부분은

1) 미국경기의 회복 현황

2) 인구구조의 차이점

3) 한국의 재정 정책 차이

4) 가계부채 과나인 듯 하다.

이 4가지를 한번 짚어보자. 이 4가지 사항에서 무엇이 과대평가 되었는지 아니면 어떤 점이 그저 막연한 부정적 요소로 작용하는지 알아야 한다. 이부 분은 Part 5 '대한민국 부동산 앞으로 어떻게 될까' 에서 자세히 다루게 된다.

➡️ 우리는 일본과 다르게 충분히 극복할 수 있는 체력과 저력,
그리고 선제적 방어능력을 가지고 있다.

우리는 일본을 닮은 것이 아니라 일본을 통해 배우고 있는 것이다

지금과는 정반대로 일본제, 미국산하면 이유 없이 좋아하던 시절이 우리에겐 있었다. 하지만 언제부턴가 그런 문화는 사라져갔고, 우리는 우리의 것을 더 좋아하기 시작했다.   선호도의 변화는 가격에 반영되었음이 당연하다.   우리의 것들이 점점 더 고가에 대우를 받고 있는 것이다.   패션이나 기타 몇몇에서는 아직 외국 브랜드를 이유 없이 선호하는 경향이 남아있긴 하지만 그건 거의 겉멋에 지나지 않고, 이 역시도 의식이 깨어나는 순간, 바뀔 수 있으리라 기대한다.

전자제품은 일본 것이 좋다라는 인식이 팽배했던 시절이 있었다.

그러나 언제부터인가 일본의 상품이 보이지 않기 시작하고 있다. 1990년대엔 소니사의 워크맨 하나만 가지고 있어도 학급 친구들의 부러움을 받았던 시절이 있었다. 소위 말하는 일제가 가전제품을 대표하던 시대가 있었던 것이다.

2000년대 초반 까지만 하더라도 토요타 스타일, 렉서스 마케팅 기법 등 경영학 수업시간에 꽤 많은 기법들을 일본기업 사례를 통해 다뤘다. 하지만 현재는 어떠한가? 자본과 과학기술로 미국을 잡아삼킬 듯 움직였던 일본의 자리를 어느 순간 한국제품이 차지하고 있다.

이런 상황에서 소니가 몇 십 년 만에 워크맨 생산을 중단했다라는 소식을 접하니 만감이 교차한다. 그럼 얼마 전까지 산업사회의 선망의 대상이었던 일본이 왜 우리기억 속에서 잊혀지게 되었는지 우리가 모르는 어떤 일들이 지난 20년간 일어났는지 알아보자.

현재 일본은 전세계에 유례가 없을 정도로 장기침체를 경험하고 있다. 이러한 장기 침체의 원인에 대해서 여러 의견들이 분분 하지만 그 가운데 부동산 버블 붕괴에 따른 건설투자 및 민간소비의 부진과 금융문제 해결에 대한 정부의 안일한 태도들을 대표적 이유로 보고 있다.

분명 이러한 부문들도 주요한 원인들은 될 수 있지만. 일본이라는 거대한 경제함선을 침몰 시키기에는 어느 한두 개의 주요한 사건으로 설명하기에는 부족한 면들이 많다.

이러한 장기 부동산침체 이면에 부동산의 침체를 불러온 일련의 사건들을 복합적으로 고려해서 생각하여야 한다. 일본이 침체기를 겪기 전의 일련의 사건들을 차례대로 확인해 보겠다.

플라자 합의

일본은 2차 세계대전 이후에 연 10%에 가깝게 경제성장을 이루었으며 이 과정 중 1958년에서 1978년 까지 15년간 일본의 실질 GDP는 네 배로 확대되었다. 이 이후에도 1980년대에서 1992년까지 12년간 GDP 성장률은 매년 4.0%의 건실한 성장을 보여준다.

하지만 이러한 눈부신 성장 속에서도 불구하고 1990년 이후 찾아오는 자산 버블붕괴를 계기로 현재까지 실물경제가 장기간에 걸친 침체국면에 들어간 것이다. 이는 전세계 유래가 없는 장기 침체이며 '최악의 경기침체의 좋은 사례' 로 소개되고 있다.

장기 침체에 들어가는 발단을 마련해준 첫 번째 사건은 1985년 플라자 합의, 환율에 관한 합의를 완료하면서이다.

당시 미국은 대외 무역수지 불균형과 재정 적자에 시달리고 있었고 이러한 원인 중의 하나가 미국 내의 일본제품들 때문이라는 여론이 들끓기 시작했었다.

급기야 미국은 경제 선진국들에게 도움을 요청하였고 이에 성립한 것이 플라자 합의이다. 합의된 주요사안 중에 하나가 달러화의 가치를 낮추고 엔화의 가치를 올리는 정책이었다.

발표를 시작으로 1달러에 235엔에서 시작한 엔화가 일년 뒤 약 120 엔에 거래되는 등 달러화의 가치가 엔화 대비 50%나 절상되는 사태가 이루어진다. 이는 국제시장에서 일본 제품들의 가격경쟁력을 더욱 약화시키게 되며 GDP대비 수출의 비중이 점차 약해져 가는 결정적 이유가 된다.

이와 반대로 일본내의 수입품의 가격은 하락하여 GDP대비 수입품의 비중은 점점 높아만 갔다. 하지만 상식적으로 수출이 줄고 수입이 늘어났으면 경상수지 적자나 흑자폭이 줄어들었어야 정상인데 워낙 엔화절상의 폭이 심하여 수입품의 가격이 급 하락하여 오히려 국제수지 흑자 폭은 더 늘어나는 효과로 나타난다.

숫자상으로만 돈을 번듯한 착각을 일으켰던 것이다.

제로 금리를 통한 내수경기 부양

플라자 합의 이후, 환율하락으로 인한 수출 부진으로 충격을 받은 일본 정부는 저금리 정책을 통해 내수 부양 정책을 실시하게 된다. 이는 내수가 부양되면 수출 부진에 따른 악화를 이자 비용으로 만회할 기회를 주어 시장을 살릴 수 있다는 일본 정부의 의도가 숨어 있었던 것이다.

플라자 합의 이후로 실질적으로 수출은 줄어들었으나 수입품가격의 하락과 정부의 저금리 정책을 통한 이자비용 하락으로 인하여 손실부분은 상쇄되게 된다.

이로 인해 1985년 플라자 합의 이후, 1986년에서 1989년까지 4년간 오히려 기업의 영업이익은 합의 이전보다 높아지게 된다.

버블을 더욱 증폭 시킨 결과를 초래한 것이 바로 이것이다.

이렇게 장기간 저금리 정책을 펼 수 있었던 것도 엔화절상에 따라 수입품 가격이 낮아져 낮은 물가지수를 유지할 수 있었기 때문이었다. 즉, 엔고 현상으로 수출실적은 저조 하였으나 구조조정 및 생산 시설 효율화로 인하여 원가절감과 수입품의 가격 하락으로 흑자경상 수지와 낮은 물가수준을 유지할 수 있었다.

일본 정부가 내수 부양에 노력하는 과정에서 일어난 공격적인 저금리 정책으로 기업의 이익률 확대가 수치적으로 나타났다. 이는 다시 환율하락으로 인한 물가상승률 저하에 따라 시중의 유동성을 증가시켰고, 이러한 돈들이 주식 및 부동산의 자산시장에 버블을 초래하게 된다.

그럼 그 당시 도대체 얼마만큼의 정책금리를 할인 했던 것일까? 1985년 플라자 합의 당시 금리는 5%에 가까웠으나 1987년 2월, 거의 1년 반 정도되는 짧은 기간에 금리를 2.5%까지 떨어뜨렸으며 1989년 5월까지 이 기준금리를 유지하기에 이른다.

언제 어느 시점부터 자산버블이 시작 되었는지는 정확하게 알 수 없지만 주식시장의 정점은 1989년 말 *니케225지수 (Nikkei225 Index)는 38,951포인트로 1985년 플라자 합의 당시 수준의 가격과 비교했을 시 거의 3배에 달하게 된다.

부동산의 가격 역시 1986년 대비 1987년에 토지가격 상승률이 전

---

* **니케225지수 (Nikkei225 Index)** : 도쿄증권거래소(TSE) 1부에 상장된 주식 가운데 유동성이 높은 225개 종목을 선정해 매일 1분 간격으로 평균주가를 산출,공표.

년도 대비 80%에 육박하게 상승하였으며 계속하여 1990년 9월에 정점을 찍고 버블 붕괴가 시작된다.

1985년 플라자 합의 당시와 비교해서 400%, 4배 가까이 상승한 것이다. 거의 1년에 100%씩 오른 것과 마찬가지다.

자산 중에서도 주식을 제외하고 유독 부동산 자산의 가격이 오른 데는 몇 가지 이유가 있었다.

1) 인구구조

2) 저금리 정책

3) 신도시 주택공급

4) 세계적 자산버블이 그것이다.

2차 세계대전이 끝나고 1946년에서 1949년 사이, 816만 명이라는 출생률을 기록하였다.

소위 말하는 단카이 세대들인 이들은 1970년생에서 1980년생까지

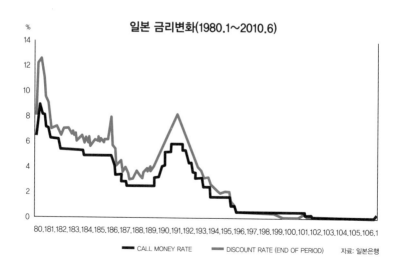

일본 금리변화(1980.1~2010.6)

CALL MONEY RATE   DISCOUNT RATE (END OF PERIOD)   자료: 일본은행

로 엄청난 소비집단, 이자 생산가능 인구의 정점을 이루던 이들이다. 이들 단카이 세대들이 사회에 진출하고 자리를 잡으면서 일본 내에서는 주택 수요가 급격하게 늘어났으며 생애 첫 주택 구매는 1970년 대를 거쳐 40대를 넘어서면서 조금 더 넓은 주거환경으로 움직이려는 수요들이 폭발적으로 늘어난 시기와 맞물렸던 것이다.

인구구조를 통하여 시장을 분석하는 석학 중 한명인 *헤리덴트 (Harry S. Dent Jr.)는 '출생이 정점에 다다른 세대에서 46년 후쯤에 그 나라의 경기는 정점에 도달한다'라고 말하고 있다. 즉, 40대 중반의 연령대의 인구가 정점에 달할 때 그 나라의 생산성과 소비여력이 정점에 달한다는 말이다.

이는 46세가 되는 시점에 자녀들 학비 및 인생의 소득과 소비의 정점에 다다르는 것과 같은 의미이다. 또한 일본정부의 저금리 정책이 금융권들의 공격적인 가계대출로 이어졌고 단카이 세대의 주택 보유 수요와도 잘 맞이 떨어진 것이다.

게다가 그 당시 일본정부는 내수 진작을 위하여 GDP에 가장 많은 영향력을 행사하는 부동산 개발에 유리한 정책들을 내놓게 된다. 현재 우리나라 신도시 정책과 세종 시 같은 공공기관 지방 이전과 같

---

* **헤리덴트(Harry S. Dent Jr.)** : 세계적인 경제 예측 전문가. 세계적인 경영컨설팅 회사인 베인앤컴퍼니에서 전략컨설턴트를 지냈으며 유명 경제전문지 'Fortune'에서 세계 100대 컨설턴트로 선정도 되었음. 현재 H.S 덴트 재단의 이사장이자 최고 경영전략 컨설턴트로 활동하고 있음. 최근 2013'2014 세계경제의 미래라는 저서를 내 놓음.

은 국토균형발전이 시작되는 것과 같은 것이다.

하지만 아파트 중심의 우리나라와 다르게 지가상승이 부동산 시장 전반을 주도하여 더욱 더 버블을 부추겼다.

또한 그 당시 주식과 부동산의 자산가격 상승은 비단 일본의 특정한 지역에서 일어난 사건이 아니라 미국 및 유럽의 선진국에서도 함께 발생했던 전세계적인 기조였던 것으로 보이며 이는 2001년 초반부터 시작된 미국의 부동산 버블과 한국의 부동산 시장이 함께 움직였던 것과 유사하다고 할 수 있겠다.

이렇게 언제까지 계속 될 것만 같았던 자산 버블 현상은 1989년 일본 중앙은행의 급격한 통화 긴축 정책을 마지막으로 예측할 수 없는 장기간의 침체로 들어서게 된다.

1989년 5월 2.5%였던 기준 금리를 1990년 8월까지 5회의 걸쳐서 6%대로 인상하였으며 여기에 그치지 않고 부동산 분야의 신규대출 규제를 통하여 통화 긴축정책을 펼쳐 나갔다.

이러한 대출 총량제를 원인으로 새로운 매매 수요를 원천봉쇄 하는 효과를 가져다 주었으며 결과적으로 버블이 너무 급격하게 붕괴됨으로써 자산을 팔아도 대출을 갚지 못하는 사람들이 늘어나는 지경에 이르게 된다.

이로 인하여 부실채권은 늘게 되었고 일본의 금융시스템기능이 마비되었다. 또한 일본 정부가 경기침체에 신속하게 대응을 못함으로써 1993년부터 2003년 까지 11년 동안 연평균 8.5%라는 무서운 속도로 경기 하락이 시작하였으며 지금껏 침체의 길을 겪고 있다.

일본과 미국의 금융위기에서 찾을 수 있는 공통점이 있다. 그건 바로 금리 정책의 변화가 경기상승과 침체의 원인이 되었다라는 것이다. 일본과 미국은 저금리 정책을 통하여 시중의 유동성을 공급하여 경기를 부양시켰다. 또한 급격한 금리 인상을 통하여 위기의 원인을 제공했다라는 것이다. 우리는 그런 일본과 미국의 상황을 정확히 이해하고 배웠으며, 그래서 선제적 대응을 아직까지 잘해 오고 있다.

현재 우리나라의 상황과 비교했을 때 어떠한가?

많은 부문이 일치를 하고 있어서 역시 우리나라는 부동산 및 인플레이션이 아닌 장기침체 초입이라고 생각하시는 분들도 있을 수 있지만 분명 선후가 다르다.

부동산 가격이 떨어지는 지극히 단순한 사건만 놓고 보면 같은 맥락처럼 보이지만, 제반 상황의 변화와 대응시점을 놓고 보면 전혀 다른 흐름을 갖고 있는 것이다.

현재 우리나라는 선진국지수 및 국가 신용등급이 계속하여 상승하고 있는 단계다. 최근 무역 경상수지가 9개월 연속 흑자 행진이며 지난 10월, 340억 달러로 14년 만에 최대규모를 보여줌으로써 국제사회의 불경기는 전혀 상관없이 성장세를 보여주었다. 이에 우리나라의 국가인지도가 상승하고, 국제경쟁력도 상승하고 있다라는 반증이다.

미국의 경기침체를 유동성의 확대로 막기 위해 달러를 계속해서 찍어낸다면 환율시장에서의 원화 평가절상은 피할 수 없다라고 할 수 있겠다. 최근 이를 반영이라도 한 듯, 올해 초 5월 25일 1,185원을 정점으로 현재까지 지속적으로 하락하여 1,060원의 벽도 위태한 것으로 보인다. 하지만 이는 1980년대 처럼 선진국 진영이 자국의 이익을 위하여 플라자 합의 같은 일방적인 협의가 아닌 자율 시장의 원칙에 입각한 것은 분명하다.

이에 일본과 같은 극단적인 절상은 생각하기 힘들지만 현재 추세로 내려간다면 어느 정도 수출에 타격이 있을 수도 있다. 현재 보다 국제경기가 더욱 악화되고 달러화 대비 원화가치가 더욱 하락한다면 수출증대로 인한 경제성장에 기대를 걸기는 조금씩 어려워 질 것으로 전망한다.

이때 정부에서 취할 수 있는 방법은 제한적인데 일반적으로 내수 위주의 경기부양 정책을 내놓을 것으로 예측 된다. 하지만 현재까지 이렇다 할 적극적인 내수부양 정책을 내놓고 있진 않다. 아직 환율이 수출전선에 심각한 영향을 줄 만큼 심각한 상황은 아니라 예전과 같이 내수 경기 진작을 위하여 건설업에 치중된 정책은 제한 적일 것으로 예상된다. 하지만 미국의 3차 양적완화를 통한 달러약세, 유럽의 재정문제로 인한 유동성 공급으로 유로화 약세, 일본의 적극적인

달러화 대비 원화 환율 단위:원

1185.5

1151.8

1131.5원

1160

1120

1080

2011년 12월 29일   2012.4   5.25   9   12월 5일

경기부양을 위한 아베총리의 유동성 공급을 통한 엔화약세 등의 추세로 봤을 때 상대적으로 건실한 무역수지 및 경제성장성을 보여주고 있어 원화강세는 2013년도에도 이어질 것으로 보인다.

그 중 전통적으로 내수경기의 16%정도의 파급효과를 가진 주택관련 시장의 활성화는 피할 수 없을 것으로 예상한다. 즉 환율 하락은 제한적인 것으로 보이나 현재의 수출 주도형 산업구조로는 원화 강세로 인하여 입을 타격은 있을 것으로 예상된다.

또한 전세계적인 경기침체와 더불어 원화절상을 통한 수출력 감소는 국내 경기에 큰 타격을 입힐 것으로 예상된다.

예를 들어 우리나라 대표 수출업체인 삼성도 2013년 환율 영향으로 3조원가까이 영업이익이 감소할 것으로 예상하고 있다. 이에 정부는 경기방어를 위하여 내수 활성화 정책을 모색할 것으로 기대 된다.

➡

미국의 위기 시작은 부동산 대출의 잘못된 시스템이었다.
이에 대한 국복의 기미는 이제 천천히 나타나게 될 것이다.

미국의 버블 붕괴 사례도 선제적 정책 대응 능력을 우리에게 키워주고 있다

인구구조와 부동산 정책이 비슷한 일본을 살펴 봄으로써 현재 일본과 한국의 어떠한 점이 비슷하며 어떤 차이점이 있는지 살펴보았다. 결국 모양새는 비슷하지만 대응능력에선 큰 차이가 있음을 보았다.

이번에는 금융의 주요 벤치마킹대상이며 가장 영향력을 크게 행사하고 있는 미국의 버블생성과 붕괴의 과정을 살펴봄으로써 어떤 유사점과 차이점이 있는지, 우리가 무엇을 해오고 있는지에 대하여 살펴보자.

현재 전 세계적인 경기침체의 시작이 미국이라는 것은 이제 누구라도 다 아는 상식이 되어버렸다.

일본의 경우는 플라자합의에 따른 엔화의 절상이 있었으며 환율에 따른 경상수지 적자를 예상하고 이에 의해 수입품 가격의 하락으로 원가는 오히려 줄게 되지만, 수출이 줄어드는 폭보다 더 큰 폭으로 반영이 되어 건전하지 않은 경상이익이 발생하였다는 것도 우리는 알게 되었다.

미국 또한 일본과 마찬가지로 그저 막연히 부동산 가격상승이 그 원인으로 알려져 있다. 무리하게 대출을 끼고 산 구매자들의 금리가 오르면서 가계부채를 견디지 못하여 파산하여 부동산 투자에 따른 높은 가계부채가 현재의 금융위기로 발생했다라고만 많은 사람이 알고 있는 것이다.

이 또한 어느정도 사실이다. 하지만 일본과 같은 1) 인구구조에 따른 거대소비주체 : 베이비부머세대, 2) 저금리를 통한 시중 유동성 공급, 대출 부추김과 같은 비슷한 원인도 있었지만 은행권들의 모기지 증권화가 원인이 된 신용팽창이 복합적으로 이루어낸 결과라고 할 수 있다. 이 중 은행들의 3) 모기지 증권화가 가장 큰 원인으로 보인다.

아시아 금융위기가 끝나고 1990년대 후반부터 미국의 경제는 IT산업을 바탕으로 몇 년간 연 4%이상의 성장을 달리고 있었다. 하지만 모든 자산의 버블이 그러하듯 여지껏 접해보지 못한 신 산업인 IT 정보기술부문에 투자자들이 열광하였으며 점점 막연한 장밋빛 미래와 함께 점점 과열의 양성을 뛰어가게 된다.

2000년 하반기에 IT 버블은 붕괴를 맞이한다. 하지만 이렇게 급격한 버블의 붕괴와 함께 찾아온 경기침체는 몇 년간 높은 경제성장률, 낮은 실업률, 낮은 물가상승률을 맛본 FRB로서는 반갑지 않은 소식이었다. 이에 경기침체를 방지하기 위하여 선제적인 금리인하를 단행하여 2001년 말부터 2004년 말까지 저금리 정책을 펼친다.

이 기간의 실질 금리는 물가상승률을 반영하면 마이너스로 봐도 무방하다. 이 기간에 미국의 인구구조 중의 가장 거대 집단이 40대 중반으로 접어들면서 주택수요와 맞물려 부동산 투자의 붐이 형성되어 주택가격이 급상승했다.

게다가 저금리 정책으로 시중에 유동성이 풍부해지고 대출을 받기가 어느 때보다 쉬워짐으로 그 자금들이 부동산 시장과 주식시장으로 유입되기 시작한다. 이러한 유동성을 바탕으로 2001년에서 2007년 까지 부동산 자산 가치가 급등한다.

이로서 미국은 전세계의 선망의 대상이 되는 금융자본주의 대표국으로 자리 메김을 하는 것처럼 보였다. 하지만 부동산과 주식을 중심으로 자산의 버블은 터무니 없이 급격하게 상승하였고 버블을 우려한 연방정부은행(FRB)는 급기야 2004년 6월부터 2006년 6월까지 기준 금리를 2.5% 에서 5% 까지 인상하여 긴축재정으로 돌입하게 된다.

서브프라임 사태의 핵심은 부동산 대출의 증권화

금리가 오른 이 기간 동안에 부동산 열풍과 함께 대출을 많이 안고 집을 산 사람들은 갑자기 높아진 이자로 인하여 주택 소유 유지가 불가능하게 된다. 사람들은 시장에 급하게 매물을 내 놓았으며 이것 마저 여력이 되지 않는 사람들은 파산신청을 통하여 주택 차압에 들어가게 된다.

이자 비용을 견디다 못한 매수자들이 넘쳐나게 되고 이들을 통하여 시장에는 급매물과 차압 된 주택이 시중에 쏟아져 나옴으로써 주택 자산의 가격을 더욱 하락시키는 악순환이 계속 되었던 것이 이번 미국 서브프라임 사태의 이유이다.

그렇다면 정상적인 심사를 마치고 50%의 자본금을 가지고 나머지 50%를 대출을 받아서 구매하는 아주 정상적인 방법이었는데 이러한 자산가격 붕괴가 오는 이유는 무엇일까? 정상적인 대출이 아니더라도 상환 능력 심사를 확인하였을 텐데 어떻게 부실채권이 많아진 것인가?

개인의 대출이 무너졌고 부동산이 문제인데 왜, 일반은행이 아닌 증권을 주로 거래하는 리만브라더스가 파산하였을까? 원인은 바로 대출채권의 증권화와 수익률 극대화를 위한 과도한 레버리지가 있었기 때문이다.

부동산에 대한 직접적인 대출의 위험을 분산하기 위해 대출 채권을 증권화하여 이것을 거래하였고 그러면서 위험이 분산되는듯한 효과를 보게 되지만, 결국 책임지는 사람이 불명확한 특이한 구조가 형성된 것이 원인이 된 것이다.

일반적인 은행의 업무는 예금의 이자와 대출 이자의 차이에서 오는 예대마진을 수익으로 운영이 된다. 우리는 앞 단락에서 지급 준비율이라는 것으로 신용팽창이 가능하다는 것을 배웠다. 즉, 은행은 예금자에게는 3%의 이자를 주고 돈을 빌리고, 대출자에게는 6%의 대출을 주는 것으로 6% − 3%=3% 사이에 생기는 3%의 마진으로 수익을 남기는 것이다.

예대 마진의 폭이 3% 대로 정해져 있다면 수익을 가장 많이 남기는 방법은 박리다매 식으로 최대한 많은 대출을 해주는 것은 어떨까 하는 고민을 은행입장에서는 하게 된 것이다.

이때 은행의 새로운 수익모델 창출과 경기침체기 때 소비진작을 위해 개인들에게 대출을 유도하는 방법을 찾던 정부와 의견이 일치되어 만들어진 것이 주택대출의 증권화이다.

증권화라고 해서 거창한 건 아니다. 간단히 말해서 은행은 대출상품을 팔고 대출자가 빚을 상환할 것이라는 미래의 현금흐름을 다시 상품으로 만들어 그 채권을 정부기관 (미국의 경우 * Fannie Mae와 Freddie Mac) 또는 투자은행에 판매하는 것이다.

그러면 이 채권을 산 정부기관의 돈이 은행의 계좌에 들어가며 시중 은행들은 이 현금 자산을 바탕으로 돈의 양을 늘리게 되고 다시 지급준비율을 이용하여 더 많은 대출이 가능해져 신용창출이 가능해 진 것이다.

---

* **페니메이 (FannieMae) & 프레디맥 (Freddie Mac)** : 미국을 대표하는 모기지 대출 전문 금융회사. 주력 사업과 역할은 금융기관으로부터 저당권 (Mortgage)을 사들여 주택 대출을 확대하는 것. 소비자 직접 대출은 않지만 대출기관인 금융권의 채권을 매입함으로써 금융권이 주택대출을 더 많이 할 수 있도록 돕는 역할을 함.

이 채권을 구매한 정부기관 또는 투자은행들은 하나하나 사들인 대출들을 하나의 묶음 (Pool) 로 묶어서 증권화한 후 투자자에게 재판매하였다. 여기서 하나의 Pool이라 하면 대출된 상품들을 신용등급별로 나누어 여러 개의 신용등급별 대출상품을 썩어서 하나의 상품으로 만드는 기법을 말하는데 이것이 대출 채권 증권화의 핵심이라 할 수 있다.

즉, 여러 가지 대출 상품을 썩음으로 해서 한 명의 대출자가 채무불이행(Default)을 하면 전체를 받을 수 없는 것이 아니라 다른 대출채권으로부터 이자보존을 받으며 최후의 방법으로는 자산을 처분 함으로써 리스크 (Risk)를 분산시키는 효과가 있다고 본 것이다.

위험의 분산인데 이는 바꿔 말해 책임의 잘못된 분산을 초래하게 된다.

이렇듯 2000년대 초반부터 시작된 저금리 기조와 2000년대 중반부터 본격화된 베이비부머 세대들의 주거 수요가 만나면서 자연스럽게 부동산을 통하여 신용창조 유동성 공급이 일어나게 된다. 하지만 여기에 부동산 자산 버블에 기폭제 역할을 한 것이 주택대출의 증권화를 통하여 더욱더 쉽게 많은 양의 대출이 가능해진 탓이다.

그렇다면 현재 미국 부동산 버블의 큰 기여를 한 주택저당증권의 국내 현황은 어떠할까?

주택 저당증권이 본격적으로 발행된 것은 주택금융공사가 설립된 2004년부터이다. 2004년부터 2008년 까지는 매년 3조에서 5조원 수준의 주택저당채권이 꾸준히 발행되었다.

특히 2009년 리만 사태 이후 급격히 증가하는 추세에 있다. 그 주요 원인에는 금융위기 이후 주택담보대출의 기준이 되는 CD금리 상승이 주요 원인이었다. 정부차원에서 이자부담을 줄이고자 고정금리 보금자리론의 판매를 유도하여 상승을 이끌었다.

2009년부터 3년간 연속 발행금액이 9조원을 넘어가면서 발행규모가 크게 증가하였다. 또한 정부차원에서도 고정금리 대출을 유도함에 따라 주택저당증권 (MBS : Mortgage-Backed Securities) 발행 시장이 올해 전년 대비 2배 규모로 늘어날 것으로 전문가들은 예상하고 있다.

현재 국내의 현상은 2000년도 버블 초입단계와 비슷한 모습을 보여주고 있다. 미국의 주택시장 황에 큰 기여를 한 기관이 프레디맥, 페니메이의 역할을 현재 주택금융공사가 대신하고 있다. 또한 은행의 담보대출 (Mortgage)채권 지급을 국영기업이 담보해 주고 증권화를 함으로써 주택시장의 자금 유동성을 더욱 증가시켜 그 결과 주

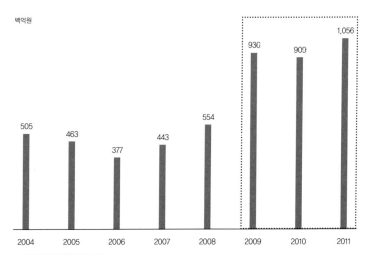

주: 2010년부터 MBB발행실적 포함
자료: 금융감독위원회

택시장의 활성화에 중요한 역할을 하고 있는 것도 유사하다.

증가의 패턴을 보면 미국은 2001년부터 2003년까지 프레디맥, 페니메이에서 발행한 주택저당증권(MB) 발행이 급격히 증가하면서 부동산시장의 신용팽창을 중심으로 유동성을 공급하였다. 또한 2004년부터 정부보증 기관의 발행은 줄어들었다. 하지만 수익성을 바탕으로 민간투자기관 (Private Institution)의 발행이 급격하게 늘어나게 되어 2007년까지 신용팽창을 통한 유동성을 공급하게 된다.

이와 마찬가지로 한국은 현재 국가가 주도하는 주택금융공사에서 보금자리 주택을 중심으로 주택모기지 담보대출의 증권화를 해주는 역할을 하고 있다. 2009년 금융위기 이후 최근 4년간 급격한 발행 성장률을 보여주고 있어 미국의 2000년대 초기와 흡사한 모습을 보여주고 있다.

분명 미국과 한국의 금융구조의 차이점은 있다. 하지만 이는 은행이 대출을 하고 대출상품을 팔아서 다시 대출을 일으킬 수 있는 여력을 증가시킨다는 공통점이 있다. 이는 신용팽창을 통한 유동성을 공급 한다라는 공통점이 또 다른 버블을 위한 원인을 제공하는 단서를 제공할 수 있을 것이란 예상이 가능하다.

이전 장의 인구구조에서 설명한 바와 같이 2차 베이비 부머 세대인 만 38세부터 44세 인구집단이 대한민국 인구의 12.1%인데 이 생산가능 인구가 정점에 이르는 2014년에서 2018년까지 주택구매 수요와 만난다면 모지기증권화 상품의 년 수요는 더욱 크게 증가할 것이라고 예상된다.

미국의 사례에서 보듯이 1) 주택에 대한 가계의 수요와 2) 현재와 같은 저금리기조가 대출자 들로부터 이자부담을 완화 시켜 줌으로 3) 모기지 대출의 증가를 초래했다. 이는 모기지증권과 함께 신용팽창을 통한 유동성 공급과 확대가 앞으로 피할 수 없는 현실이 될 것을 예상할 수 있다.

➡
점차 회생의 기미를 보이는 미국의 부동산 시장.

금융위기 이후, 미국 3차 양적 완화를
바탕으로 한 캐이스쉴러 지수의 상승 사례

경기에 대한 앞으로의 방향성이 상승인가 하락인가를 논하기 이전
에 현재 부동산 시장의 침체 원인을 제공해 줬던 미국의 부동산 시
장은 어떠한 상황인지 좀더 살펴볼 필요가 있다.

미국의 부동산 경기를 살펴봐야 하는 이유는 현재의 부동산 시장
침체가 비단 국내의 내부 사정으로만 불거진 문제가 아니라 전 세계
적인 금융위기 및 유럽재정위기 등 대외부문도 복합적으로 맞물려
발생한 현상이라고 보기 때문이다.

가격이 오르기 위하여 충족되어야 할 조건들이 어떤 것들이 있는

지 현재 이 조건들이 얼마나 상태가 심각한지 살펴봄으로 앞으로의 부동산 시장을 예측해 보자.

최근 미국의 사례는 다행스럽게도 유동성 함정의 우려를 깨고 조금씩 경기진작을 나타내고 있는 중이다. 최근, 미국에서는 주택경기 회복에 대한 기대감이 한껏 커지고 있으며 이러한 시그널은 미국뿐 아니라 세계경제에 매우 중요하게 작용할 것으로 본다.

일단 가장 큰 변화는 집값 조정과 *디레버리징을 거쳐 어느 정도 소비의 기초체력을 확보해놓은 것이다. 저축률이 높아지고 소비를 줄임으로 가처분 소득이 증가하였고 이는 주택구입 능력지수의 상승을 일으켰다.

물론 이러한 주택구입 능력 지수만 오른다고 주택부문의 경기가 갑자기 좋아지진 않는다. 무엇보다 중요한 것은 현재 가지고 있는 엄청난 가계부채의 조정과 함께 실질적인 가처분 소득이 함께 증가하며 주택경기가 살아나야 한다는 점이다. 2009년을 최저점으로 해서 2010년 1조 2000억 원의 유동성공급으로 인하여 2010년 잠시 상승하였으나 2011년을 기점으로 2012년 현재까지 조금씩 나아지는 모습을 보여주고 있다.

가처분 소득만 좋아진다고 해서 실질적인 주택구매력이 올라가는 것은 아니다. 이전의 금융권들의 준비금계정들이 쌓여져 있었던 가

---

* **디레버리징 효과(Deleveraging Effect)** : 레버리지 효과와 반대로 1억 원의 손실을 봤다면 자기자본 5억 대비 1억 원으로 −20%임. 이는 10억 원 모두 투자해서 1억 원의 손실을 봤다면 −10%의 손실보다 많아지게 됨. 이렇게 자기자본 비율이 낮을수록 자산가격의 하락기의 손실은 더욱 커지게 됨.

가처분소득 및 주택시장 변화량

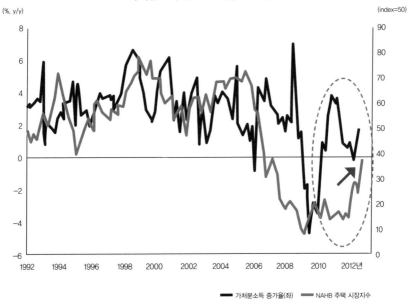

(%, y/y)

(index=50)

■■■ 가처분소득 증가율(좌)   ■■■ NAHB 주택 시장지수

8가지 금리와 정부채권 변화량

(%)

(%)

■■■ 10년 국채금리(좌)   ■■■ 30년 모기지 금리

주택구입능력 지수 및 주택가격 증가값 변화량

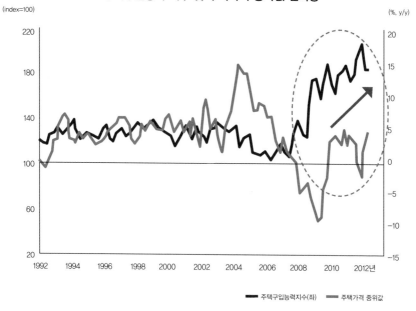

(index=100)

(%, y/y)

■ 주택구입능력지수(좌)　■ 주택가격 중위값

모기지 금리변화와 신청 변화량

(90=100)

(%)

■ 모기지 신청(좌)　■ 30년 모기지 금리(역계열)

장 큰 이유는 신규대출이 없었기 때문인데, 무엇보다 자금이 주택시장 모기지 쪽으로 움직여야 하는 것이 첫 번째라 할 수 있다.

즉, 경기상승을 야기시키기 위해서는 저금리를 통한 모기지의 대출율이 올라가야 하는 것인데 위의 그림을 보면 2011년 초부터 미국 내에서는 신규 주택모기지 신청건수가 상승하는 모습을 보여주고 있으며 2013년 현재까지 증가하고 있다.

일부에서는 실질적인 경기진작이 시작 되지도 않았는데 미국정부의 인위적인 양적 완화와 모기지 금리의 인하로 미국내의 가계부채를 더욱더 키우는 것은 아닌가라는 우려의 목소리가 높기도 하다. 하지만 현재로서 부동산의 가격은 2007년 최고점 대비 35%, 지역에 따라 50% 까지도 조정을 받았고 부실채권 처분으로 인하여 가처분소득의 증가도 함께 이루어 지고 있어서 2010년의 유동성 공급만으로 가격이 상승한 시기와는 기초체력 부문에서 조금 더 개선이 되었다라고 할 수 있다.

이러한 정부의 양적 완화 정책과 금융권의 도움 때문이었을까? 최근 2010년 중반 이후부터 하락세를 지속하던 주택거래 지수는 2012년 2월부터 현재까지 상승세를 보여주고 있으며 가격 지수 또한 2007년 최고점 대비 40%까지 하락했던 가격지수가 최고점 대비 16.5%선으로 자리를 잡았다.

이에 거래량 및 공급의 현황까지 조금씩 개선되는 모습을 보여주고 있으며 신규 주택 판매량 또한 2010년 최저치를 기록한 이후 꾸준하게 회복 중에 있다. 기존의 재고 및 신규의 매매도 중요하나 신규로 착공되는 비율도 완만한 상승세를 이어가고 있다.

　이렇듯 미국의 금융위기의 가장 큰 원인이 되었던 부동산 시장은 침체의 일로에서 벗어나 서서히 회복세를 보이는 면모를 보여주고 있으며 건설부문의 경기 진작으로 주택건설 시장의 확대가 고용 및 소비를 증가시키는 효과를 가져다 줄 것으로 기대된다.

　미국 최대의 투자은행인 골드만삭스의 지난해 7월 23일 주택시장 리포트에 따르면 미국 주택시장이 *슈퍼사이클에 진입을 했다고 언급하였으며 현재 주택시장을 압박하고 있던 리스크 요인들이 많이 해소된 것으로 여겨진다고 보고하였다. 이러한 시장의 개선을 바탕으로 신규주택 판매가 큰 폭으로 확대될 가능성이 있으며 앞으로 집값 상승세는 3~7년간 미국 주택시장이 슈퍼 사이클로 접어들것이라

NAHB 주택시장지수

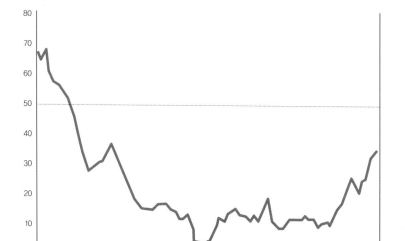

전망하고 있다.

그렇다면 구체적으로 언제쯤 본격적으로 나아질 것이냐가 가장 관심사라고 할 수 있겠는데 이는 삼성경제연구소의 〈글로벌 과잉 유동성 측정과 경제적 영향 분석〉에 따르면 2000년에서 2010년까지 글로벌 유동성이 시차를 두고 자산가격 상승에 영향을 주는 것으로 나타났으며 국제 미국 주택가격 및 한국 주택가격은 글로벌 유동성이 확대되고 나서 각각 9분기(27개월), 8분기(24개월) 이후 영향을 받는 것으로 분석이 되었다. 하지만 최근 침체기에는 반응속도가 좀더 느려져서 물가지수(CPI)와 같이 3년정도 시차를 두고 부동산에 반영되는 모습을 보여주고 있다. 최근 2012년 9월에 실시된 3차 양적 완화의 결과는 2014년 이때 3/4분기 이후부터 영향을 받기 시작할 것으로 예상된다.

---

* **슈퍼사이클** : 20년 이상의 장기적인 가격상승 추세를 뜻함. 최근 원자재 시장의 가격 폭등으로 유명해진 원자재 슈퍼사이클 (Commodities Super-Cycle)에서 유래함.

➡

전세계 유동성이 아시아의 자산시장을 노리다!
아시아의 자산시장은 전세계 유동성 자금의 놀이터

최근 유럽위기와 영국, 독일, 홍콩 부동산 가격 급상승의 예

앞에서 여러 차례 언급한 글로벌 유동 자금들이 아시아의 부동산 시장으로는 어떻게 영향을 주느냐가 궁금해진다. 최근 이러한 자산의 가격 버블과 금융변동성을 보이는 신흥 아시아 국가들은 없는지도 궁금하지 않을 수가 없다.

특히 미국이 2009년 이후로 3차에 걸쳐 무기한 양적 완화 조치를 발표한 이후에 신흥 아시아 시장으로 글로벌 자금이 대거 유입되고 있는 실정이며 이렇게 유입된 국제자본은 주식 및 부동산 자산가격을 급격하게 끌어올리고 있다.

일례로 2012년 한 해 동안 태국과 필리핀 증시는 각각 28%, 24%
나 급등하는 양상을 보여주었으며 홍콩은 금융위기 이후 14개월 만
에 최고치를 상승했다. 증시의 급등과 함께 실물자산의 대표격인 부
동산 자산까지 덩달아서 가격이 상승하고 있는 추세이다.

　최근 4년간 홍콩의 부동산 지수는 두 배로 뛰었으며 이번 미국의
3차 양적 완화 조치 발표 이후, 4주 연속 부동산 지수가 상승해 사
상최고치를 기록하고 있다.

　그러면 한국은 아직 아시아 시장에서 글로벌 유동성이 유입이 되
지 않은 것인가? 실질적으로 외환 위기 이후 많은 외국 자본들이 유
입이 되어 있지만 기업이 직접 투자해서 실질적인 수익을 통하여 이
익을 수거하는 방식보다는 포트폴리오 투자자금 위주로 증가해 국내
의 실물투자가 저조한 특징을 보여준다. 즉, 은행의 해외차입을 통
한 직접 투자형식의 투자형태 보다는 주식시장과 채권시장을 통한
간접투자 방식을 취하고 있는 것이다.

아시아 주요 시장의 9월 이후 주가 및 통화가치 변동

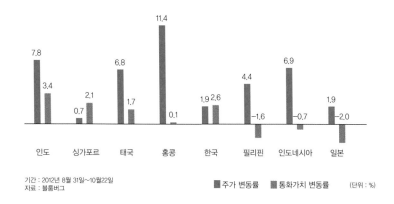

기간 : 2012년 8월 31일~10월22일
자료 : 블룸버그
■ 주가 변동률　■ 통화가치 변동률　(단위 : %)

현재 외국인 투자자금 중 포트폴리오 투자 비중이 증가한 반면 직접 투자는 2008년 46%에서 2011년 11% 비중으로 오히려 대폭 축소되었다.

현재 일어나고 있는 아시아시장의 자산가격 상승과 증시 상승은 단기적 핫머니의 시장 조작일 가능성도 있다. 하지만 현재로서는 글로벌 유동성을 이용한 국제 유동성의 아시아 유입은 지속적이며 더욱 커질 것으로 예상되고 있으며 실제로도 지속적으로 유입되고 있다.

금융위기 이후 전세계적으로 경기의 기초 체력이 떨어질 데로 떨어진 현실에서 양적 완화 발표와 때를 같이하여 신흥아시아 지역에서 인플레이션의 전조를 보이고 있는 것은 사실이며 한국도 이러한 글로벌 유동성을 피해가기가 쉽지는 않을 것이다.

부동산 투자에서도 사이클의 흐름을 이해하고, 심리에 좌우되지 말아야 한다.

부동산도 사이클에 의해 등락폭을 갖는다.

2003년에서 2007년 말까지 서울을 비롯한 많은 도시에서 재개발·재건축 붐이 일었다. 그 시기와 함께해 아파트를 비롯한 부동산 가격 폭등이 전반적으로 일어났다. 당연히 거품이 스며들었음은 분명하다. 하지만 그 거품은 2008년 서브프라임 사태와 함께 지금까지 급락을 맞고 있다.

모든 투자 상품은 사이클이 존재한다. 필요성이 과장되어 다시 투기 수요를 불러 모으는 시점의 사이클이 분명히 또 있을 것이다. 해답을 찾지 못하는 것, 방법론의 부재에 의해 변질되고 오해되며,

짙어지는 필요성이 더 크게 사이클을 만들지도 모를 일이다. 거기에 늘어난 유동성까지 크게 한 바탕 할 가능성도 있다.

　요즘처럼 전세가는 고공 행진하는데, 정책은 어쩔 수 없이 손 놓고 있는 것과 별반 다르지 않으며 이에 대한 부작용으로 미래를 예측하는 일은 생각보다 그리 어렵지 않다.

부동산 경기의 어려움은 가격하락보다는 거래실종때문

　요즘 부동산 관련 업종이 힘든 것은 가격의 하락보다는 거래의 실종 측면이 강하다. 가격이 떨어져서 힘든 이유처럼 보이지만 거래 빈도가 줄어서 힘든 경우가 더 많다는 뜻이다. 재개발·재건축과 같은 특정상품의 이상적인 상승의 기간을 넘어 찾아든 힘든 시기가 3년 이상 지속된 이유는 여기에 있다.

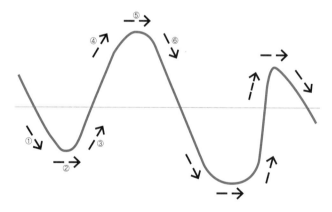

(①↘)하락말기, (②▽)하락저점, (③↗)상승초기로 이어지는 3번의 국면이 모두 거래 실종 상태라는 의미인데 하락장에선 '매수인의 불안함'이 상승초기엔 '매도인의 욕심'이 그 원인이 된다. 실제 거래가 빈번한 경우는 반대로 (④↗↗)상승말기, (⑤△)상승 고점, (⑥↘)하락초기가 된다. 우리나라 부동산 시장은 2004년에서 2008년 중순까지 세 번의 국면을 경험하였다.

결국 타이밍으로 귀결된다.

타이밍에 따라 매수, 보유, 매도 전략이 있고, 투자 물건의 대상이 있을 뿐 종목 자체를 버리거나 잊는 것은 옳지 않다. 부동산 실패의 원인 역시 그것을 타이밍에 맞게 잘 하지 못했기 때문이지 '부동산' 그 자체의 문제는 아니라는 것이다. 이는 주식이나 금(金)도 모두 마찬가지이다.

부동산은 끝났을까? 끝나지 않았다면 아직 더 기회를 기다려야 하나? 인플레이션이나 디플레이션이 사이클의 범주에 있는 것이라면 무엇이 끝났거나 하는 것은 사실 있을 수 없다. 모두 상승과 하락의 사이클, 어느 한 지점에 있을 뿐이다. 단지 시기의 문제이거나 상황에 따른 상품선택의 문제일 것이다.

그런데 문제는 그렇게 단순하지가 않다. 이게 바닥쯤이라고 생각되는데 더 떨어질 것 같아 판단이 쉽지 않다. 이 즈음에서 강남 재건축 위주로 너 매입을 고려해야 할까를 고민하는 사람들도 많은 것 같다. 하지만 이렇게 시장이 불확실 하고 변동성이 커질 것 같은 때일수록 오히려 원론으로 다시 접근해 부동산의 근본가치에 포커스를 두는 것이 더욱 필요할 시기이다.

부동산의 가치 중에 가장 중요한 요소중에 하나는 희소성이다.

금의 역할이 일상 생활에서 크게 쓰이지 않는 것에 비해 전세계적으로 크나 큰 지표의 역할을 하고 있음을 우리는 알고 있다.

하지만 부동산은 금과 같이 한정적 이면서, 실생활과 현실적으로 무한정 관계를 맺고 있다. 인류 탄생 이후로 주거 목적의 수요인 주택으로서의 역할뿐만 아니라 경제활동의 투자 수단으로도 쓰이고 있는 것이다. 결국 모두가 집이 필요하지만 누구나 집을 소유할 수 없는 것이 현실이니 부동산은 항상 시기와 질투의 대상이 되기도 한다. 하지만 상황을 객관적으로 분석하기위해서는 시기와 질투는 좋은 자세라 할 수 없다.

우리나라는 다른 나라에 비해 부동산을 투자의 목적보다는, 주거 안정의 사회적 자산으로 보는 경향을 가지고 있다 할 수 있다. 부동산 투자로 돈을 버는 것을 안 좋게 인식하게 만드는 요인이기도 하다. 하지만 좋고 나쁘고를 넘어서 글로벌화 되어가는 시장구조에서 부동산도 외국인의 먹잇감이 되기에는 충분하다. 오히려 우리끼리 사회적 자산임을 논하는 동안, 외국인들은 조용히 시세차익을 가져가는 상황을 여러 차례 목격하고 말았다.

부동산은 주거의 개념으로써는 누구나 피해갈 수 없는 기본적인 요소의 성격을 가지고 있으며 이는 시장에서 인구구조에 따른 최소 일정 수요를 가지고 있게 된다.

부동산의 가격변동은 자산 시장에서 급격한 가격 조정이 생기면 다시 원점으로 돌아간다는 *체리피킹(Cherry picking)의 성격으로

---

* **체리피킹(Cherry Picking)** : 열등재나 기펜재가 아닌 특정상품의 가격이 떨어지면 반드시 균형가격으로 수렴한다는 시장원리를 감안한 저가매수 투자전략을 말함.

강하게 나타나고 있다. 즉, 현재와 같이 부동산 버블붕괴를 계기로 시장의 주택가격이 급속히 조정을 받으면 기존의 수요에 의하여 시장에서는 저가라는 느낌을 갖게 되고 앞으로의 균형가격을 생각하여 구매자들은 매입을 고민하며 실수요자들을 중심으로 서서히 매매의 온기가 감돌기 시작 한다는 것이다.

최근 미국시장의 경우 가격조정을 *케이스 쉴러 지수 기준으로 봤을 때, 미국의 20개 도시의 주택 평균 매매가격은 35%에서 많게는 지역별로 40%까지도 조정을 받았음을 알 수 있다. 이에 따라 현재 시장에서는 저가를 염두 한 매매세가 증가하기 시작하고 있다.

다시 저점에서 상승의 사이클을 시작한 것이다.

실례로 미국의 집값은 2011년 하반기를 시작으로 서서히 상승세를 나타내고 있으며 분기당 평균 상승률은 5%에 육박하는 것으로 나타난다. 비단 미국뿐만 아니라 현재 가장 어려운 경제적 시기를 보내고 있는 유럽연합(EU)중 대표 국가인 독일도 2012년 올 들어 20% 가까운 가격상승을 나타내고 있다.

결국 부동산은 우리 인생에서 꼭 필요한 필수재의 성격으로 인하여 최소한의 일정 수요층을 가지고 있다라는 것인데, 그러면서도 다른 필수재와 다르게, 중요한 금융자산으로서의 역할과 가치를 가지

---

* **케이스 쉴러 지수 :** 미국 주택시장의 가격 동향을 나타내는 경제지표. 경제학자 칼 케이스 (Karl Case)와 로버트 실러 (Rober Shiller)의 이름 따서 명명. 현재 한국대표지수는 국민은행 부동산 시세지수가 있음.

고 있다라는 것에 우리는 주목해야 한다.

이 말은 금과 같은 실물자산의 성격도 있기 때문에 인플레이션을 통한 물가상승률에 따른 기대가격도 반영하며 자산의 한 부분으로 매도자와 매수자가 존재하는 자율시장에서 거래되고 있기에 수요와 공급에 따라 변화되는 가격변화도 염두해 두어야 한다는 의미이다.

주거의 개념으로써는 없어서는 안 될 필수재의 역할을 함으로 현재와 같이 매매시장의 하락과 전세시장의 상승 사이에 불균형이 생기면 체리피킹의 성격이 나타날 확률이 높게 된다.

금융자산의 한 부분이란 뜻은 부동산을 구입시 대출을 통해서 사는 경우가 대부분이기 때문이다. 이러한 대출은 가계부채에 영향을 미치고 레버리지 비율에 따라 경기 수축과 팽창시 자산가격의 변동이 함께 따라 움직이게 됨을 말한다. 이에 따른 자산 처분과 자산담보대출을 통한 자금조달을 통하여 사회전체에 소비증감에 영향을 미치기 때문에 금융자산으로의 역할도 크게 하고 있는 것이다.

전 미국중앙은행(FRB) 앨런 그린스펀의장의 말을 인용하면 "주식자산이 1달러 늘어나면 소비는 3~4센트 증가하는 반면 주택 자산의 소비 증대 효과는 10~15센트로, 주식의 3배 이상일 것으로 보인다"라고 언급했을 정도이니 말이다.

반대로 부동산의 가격이 떨어질 때는 소비의 감소가 훨씬 더 잘 나타나는 *역자산현상이 나타난다. 부동산 상품도 일반 상품과 마찬가

---

* **역자산 현상 (Negative Wealth Effect) :** 자산가치의 증가로 소비가 늘어나는 효과인 자산효과(Wealth Effect)의 반대의 뜻. 즉, 자산가치가 감소함으로 소비가 줄어드는 현상을 말함

지고 경기변동과 각 각의 시장 상황에 따라 서로의 균형가격에 맞춰 조정현상을 보이되 물가상승의 트랜드 안에서 가격 등락폭의 변화를 나타내는 경기변동에 따라서 가격의 변화를 보이는 주식 및 금과 같은 성격을 가지고 있다.

결국 하나의 큰 경기흐름 안에서 시장이 받아들일 수 있는 적정가격과 그 외 다른 환경들이 주어진다면 언제든 매수세력이 있다는 말이 된다.

그렇다면 현재 국내의 부동산 시장은 어느 국면에 해당하는 것일까? 현재로서는 바닥에 근접한 무릎 정도인 하락 말기에 해당한다 하겠다. 최근 들어 시장에 팽배하던 대세하락론을 주장하는 자료들도 붕괴에 가까운 급격한 하락에서 조금 비켜선 '추가 하락의 여지'라는 다소 완화된 표현들로 점점 완화되고 있으니 말이다.

현재 추가 양적 완화로 인한 자산효과들이 부동산 시장을 주축으로 회생의 기미가 조금씩 보이고 있는 미국도 2007년 최고점 대비 35% 정도 가격조정 후 최근 반등을 시작하고 있다. 최근 국내 부동산 시장도 재개발 재건축의 대표 부동산들이 급매물 위주로 최고점 대비 35%정도 가격조정을 받은 것으로 보아 추가 하락이 있더라도 바닥에 근접했다라고 보여진다.

시세차익을 노려야 하나 운영수익을 기대해야 하나

부동산 투자 수익률은 어떻게 만들어지나

불경기에는 시세차익보다는 운영수익으로

부동산의 가치의 판단기준은 두 가지이다. 필수재의 성격과 금융 자산의 역할이 그것이다. 부동산을 투자하여 돈을 버는 것은 자산 처분 차익과 미래가치에 대한 기대 즉 활용에 관계된 것이다.

현재와 같은 경기의 침체기간에는 당연히 미래가격 상승에 대한 기대가치가 낮아지며 거래 자체가 얼어붙은 상황이 만들어진다.

최근 매매가격은 오르지 않지만 전세가가 오르는 이유도 미래가격 상승에 따른 처분이익(Capital Gain)의 손실을 예상하기 때문이다.

즉, 상업용 부동산이 아닌 아파트 같은 자산들도 매매가 아닌 실거주에 더 큰 가치를 두기에 전세가격이 급격히 오르더라도 매매를 피하는 것이다.

투기자산으로서의 매매는 선택이지만 실생활인 전세는 피할 수 없는 필수이기 때문이다.

그래서 불경기에는 매도자 마음에 드는 이상적인 가격으로 매도하기가 쉽지 않다.

하지만 바꿔서 생각해보면 어떨까? 시장에 나와 있는 급매물, 저가의 매물을 매입하여 리모델링 또는 개발/운영을 거친다면 디플레이션 경기침체기에는 리모델링을 또는 운영 개발을 통하여 현금 흐름(Cashflow)를 기대할 수 있게 된다.

결국 부동산 투자를 바라보는 시각을 시세차익에서 운영수익으로 바꿔야 한다는 것이다.

시세차익은 가격 상승에만 의존해야 하지만 운영수익은 남들이 반드시 해야 하는 필수제의 성격으로 인해 가격 상승에만 의존하지 않아도 수익이 될수 있기 때문이다.

디플레이션 경기 침체기에는 현금흐름으로 견딜 수 있으며 앞으로 다가 올 인플레이션 경기상승의 기간으로 돌입하면 기존의 현금흐름에 시세차익까지 노릴 수가 있게 된다.

하지만 현재까지 공급된 부동산의 형태는 현금흐름을 가져다 주지 않는 흔히들 말하는 아파트 위주의 시세차익을 노리는 매매를 보여주고 있다.

시세차익을 위한 투자가 나쁘다라는 말은 아니지만 시세차익을 위주로 거래가 이루어 지다 보면 레버리지(부채를 활용한 지렛대 효과)에 많은 부문을 의존하게 되고 아주 작은 양의 순 자산으로도 무리하게 투자를 감행하게 되는데 이는 역자산 현상이 일어나면 낭패를 볼 수 밖에 없기에 주의해야 한다.

우리나라에 양산된 하우스푸어들, 어쩌면 2000년대 중반 부터 시장에 팽배했던 자본소득을 목적으로 무리하게 대출하여 투자한 사람들이 많은 이유도 여기에 있다 하겠다.

막연한 예상이라도 경기가 좋아져서 이와 함께 자산의 가격이 올라가면 문제가 없다. 하지만 세상일이 어떻게 내가 바라는 데로만 될수 있을까? 머피 법칙만 없기를 바라고 싶지만 이 역시 확률의 범주를 넘지 못한다.

참 이상하게도 내가 산 주식은 사자마자 내리고 내가 산 부동산은 사자마자 시장이 얼어 붙기 시작하며 매매가격이 떨어지기 시작하는 머피의 법칙을 수많은 사람들이 경험하고 있으니 실로 희한하지 않을 수 없다.

최근 2006에서 2008년까지 우리나라 부동산시장의 끝물을 타고 부채를 한껏 끼고 매입을 감행한 분들의 심정이 이렇다 하겠다.

1997년 IMF 외환위기를 시발로 외환위기 3년 차인 2001년, 가뜩이나 위기의 트라우마에서 아직 벗어나지도 않았는데 미국을 기점으로 나스닥시장이 붕괴된다.

이로 인하여 전세계는 경기침체에 직면하게 되었으며 미국은 경기 부양을 목적으로 초 저금리 정책을 펼치기 시작한다. 그러자 시중에 유동성은 갑자기 넘쳐나기 시작하였으며 엄청난 유동성을 등에 엎은 자금들은 부동산시장을 타깃으로 대거 유입된다.

이로 인해, 부동산시장의 가격은 하루가 다르게 상승하기에 이른다. 강남의 큰 빌딩들이 외국계 자본에 수없이 팔려갔던 시절이다. 이런 기운에 편승하여 국내의 서민형 부동산 가격도 상승세를 타기 시작한다.

미국의 부동산 시장 상승이 국내의 부동산시장의 결정적인 요인은 되지 않았지만 2001년 코스닥붕괴, 2003년 카드대란을 기점으로 기준 금리들이 급격히 낮아지면서 공급된 유동성이 부동산을 향했던 것이다. 기준 금리가 2000년 5.25%에서 2004년 3.25% 까지 떨어지게 되어 국내 또한 시중의 유동성이 넘쳐나게 되었으며 이러한 유동성이 주택정책과 함께 부동산시장으로 대거 유입되었다.

시중의 저금리 기조도 부동산 가격 폭등에 영향이 있었으나 2005년부터 2007년까지 금리 인상정책과 부동산의 각종 규제 정책을 내놓았음에도 불구하고 부동산의 가격상승을 잡지 못한 이유중의 하나는 토지 보상금으로 인한 유동성을 꼽을 수 있다.

2005년과 2006년 사이 노무현 정부에서는 공주, 연기군 일대를 행정수도 이전 지역으로 지정하고 토지 수용대금을 현금으로 지급을 하였으며 이는 3조2천억 원이라는 막대한 유동성을 시장에 던져놓게 된다.

이 현금들이 풀리며 인근 지역을 중심으로 대부분 다시 부동산에 유입되는 결과가 되었다. 이에 수도권 남부와 천안 지역등, 부동산 가격이 급등한 것이다. 당연히 강남을 필두로 한 버블 세븐지역 (강남, 서초,송파,분당,용인,평촌 부동산 가격이 급등한 7개지역) 은 말할 것도 없었다.

예를 들어 2000년 강남 아파트의 가격의 척도인 은마 아파트는 전용85㎡(31평)의 경우 2억이 조금 넘는 정도에 거래가 되고 있었다. 7년 후 2007년 10억이 넘게 거래되었다.

단위 : 만원

구 분	2000.01	2005.01	2007.01	2009.01	2009.1	상승률
은마아파트 (31평형)	21,250	57,500	102,500	81,500	102,000	480%
압구정 현대 (33평형)	27,500	62,000	120,000	117,500	135,000	490.9%
개포주공1단지 (13평형)	18,250	43,000	79,000	63,500	86,000	471.2%
반포주공1단지 (32평형)	41,500	85,000	155,000	132,500	165,000	397.6%
잠실주공5단지 (31평형)	25,000	63,000	119,750	104,000	125,500	484.8%
한신2차 (35평형)	24,750	57,000	119,750	104,000	120,000	484.8%
가락시영 (13평형)	14,250	30,500	60,000	41,500	58,000	407.0%
둔촌주공 (16평형)	17,000	40,350	74,000	51,000	70,500	414.7%
고덕2단지 (16평형)	13,900	37,000	65,000	48,500	67,000	482.0%

이는 7년간 500% 정도 상승한 것이니 실로 부동산 광풍이 얼마나 어마어마했는지 알 수 있다. 이 당시 구매한 사람들은 그냥 자다가 돈을 번다는 말이 무슨 뜻인지 실감을 했을 성 싶다.

현실이 이렇다 보니 부동산의 마지막 끝물을 탔던 2006년도와 2008년도 구매했던 사람들은 힘든 상황을 지내고 있다. 마지막 폭탄을 쥐고 있는 꼴이 되고 말았다.

최근 거래는 평균 7억 중반 대이며 현재로써는 내 놓아도 가격이 현격히 낮은 급매물 위주로만 이루어지고 있는 실정이라 한다.

결과적으로 위기를 극복하기 위하여 펼쳤던 통화정책, 저금리정책과 주택정책들이 인플레이션을 조장하였던 것이다.

그 당시 그러한 인플레이션이 구매자들에게 기대이익을 한껏 높여 놓았으며 시중 금융권의 이자비용 보다 인플레이션을 통한 자산의 가격 상승률이 높다 보니 결국 이자비용 및 레버리지의 관리를 둔감하게 만들어버렸던 것으로 보인다.

자본이익(Capital Gain)의 기대감을 한껏 높여 놓았지만 그 한계는 분명 있었던 것이다. 예를 들어 은마 아파트의 경우 1년에 거의 1억씩이 오른 것이 되어 버리니 2000년 초반에 100% 대출을 받아서 2억에 구매를 하여도 원금대비 20% 이자를 물더라도 매년 6천만 원 정도의 이익이 남길 것이라는 기대 심리를 만들고도 남았을 것이다.

이렇듯 2000년대 유동성을 몰고 온 통화정책과 주택정책들이 강력한 인플레이션을 만들었으며 이는 부동산시장을 위험성을 배제한 시세차익만을 바라보고 덤벼들게 만드는 착시현상을 조장한 것이 되었다.

그렇다면 앞의 사례에서 살펴본 것과 같이 인플레이션 기간에는 시세차익을 조장하는 거래가 성행한 다는 것을 알았으니 현재와 같은 스태그플레이션, 유동성의 함정에 빠진 기간에는 어떤 방식으로 투자를 해야 하느냐가 의문이다.

인플레이션에는 물가 상승분과 같이하고 침체기에 레버리지 비용을 견딜 수 있는 일석이조의 투자를 알아봐야 한다. 즉, 진정한 부동산 투자수익은 인플레이션 효과에 의한 시세차익이 아닌 경기침체기 디플레이션 기간에도 잘 견딜 수 있으며 일정부문의 현금흐름(수익)이 나와야 진정한 가치의 부동산 투자라 할 수 있겠다.

→ 부동산 지표는 아파트뿐만이 아닌 여러가지 상황을
함께 봐야 한다

아파트 가격 폭락이 부동산 가격 하락의
절대적 지표는 아니다

아파트 가격 폭락이 2008년 고점 이후 지금까지 회복세를 보이고
있지 않다. 전세가는 급등하고 있으며, 건축이 가능한 대지의 가격도
상승세를 나타내고 있다. 하지만 우리나라의 부동산 가격의 대표 지
표로 아파트 매매동향을 사용하다 보니, 아파트 가격 급락이 부동산
전체의 하락으로 통칭되는 양상이다.

이제 우리나라의 세부적 상황에 대하여 점검해 보자.

부동산 투자하면 아파트를 떠올릴 만큼 우리나라는 아파트 공화

국이다. 대표적 아파트로는 강남의 대치, 개포 잠실주공, 압구정 현대아파트 등이 있다. 실질적으로 가격의 거품이 누가 봐도 비 이상적이었던 강남 및 버블 세븐지역의 재건축 단지를 주축으로 가격의 하락폭이 심하였다. 하지만 부동산이라는 하나의 통합 상품 내에는 여러 가지 상품 군이 존재 함으로 상품 군에 따라 하락의 폭이 다르다.

당연 그 영향을 덜 받은 상품도 존재 한다는 것이다. 예를 들면 건축이 가능한 대지와 같은 것은 최근 들어도 계속하여 상승을 기록하고 있다. 이는 가장 근간이 되는 자원의 희소성 즉, 개발가능 토지의 희소성으로 인한 것으로 보는데, 전세가의 상승, 1인가구 증가에 따른 원룸 수요의 증가, 도시형 생활주택 건설지원과 건축업자들의 유행과 같은 건축 붐 등이 한몫 한 것으로 보인다.

단지 지표의 역할을 했던 아파트 가격이 급락하니 부동산 가격이 떨어진 것으로 많이들 착각하는데, 서브프라임이 터진 이후 지금까지도 지가는 특이하게도 오르는 경향을 보이고 있다.

경기침체기에는 내수 상황도 당연히 좋지 않아서 현금흐름이 쉽게 확보되는 전기, 화학, 통신, 종목의 주식을 사들이고 경기상승이 고조되기 시작하면 성장가능성의 미래가치를 예상하여 약간의 위험(Risk)을 감내하고서라도 중소형의 IT 및 시장 대표주 들의 포트폴리오 비율을 높이는 것과 같다.

즉, 이 말은 경기가 침체할수록 부동산 자산의 Fundamental인 토지가 그 희소성의 가치로 인하여 오른다는 의미이다.

아래와 다음장의 그래프는 국민은행 부동산 주택 유형별 매매지수(1986.1~2011.3)이다. 아파트와 단독 주택의 가격 매매지수의 변동성을 살펴보면 단독주택의 매매지수가 아파트에 비해 경기 변동에 따른 가격의 변동성의 현격히 줄어드는 것을 볼 수 있다. 이는 제한된 토지 내에 소유권에 관련된 토지의 양 즉 지분 또는 대지의 소유권의 비율이 높을수록 토지희소성의 가치가 큰 것으로 반영되었다고 불 수 있기 때문이다.

쉽게 말해 시세 차익용 아파트보다는 대지지분이 커서 토지 가치가 눈에 띄는 단독주택이 변동성을 적게 가졌다는 의미이다.

〈국민은행 부동산 매매지수 1986.1~2011.3〉

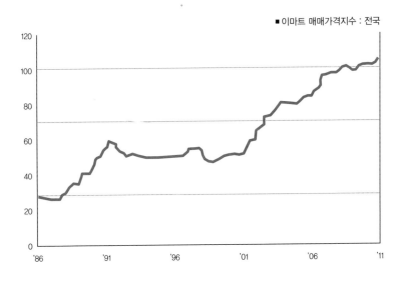

경기 침체기에는 상승기에 나타나는 물가상승을 통한 자본이익 (Capital Gain), 자산의 미래처분 가격의 이익보다는 부동산의 기초자산이 더 중요하다는 의미이다.

부동산 개발의 가장 근원인 토지자원의 희소성에 가치를 더욱 주며 토지가치의 소유권의 파이에 따라 시장에서의 가치평가 가격이 달라지게 된 것이다.

가격의 변동성 또는 안정성 면에서, 토지가치에 더욱 더 가치를 두는 것이라 하겠다. 이 데이터를 기반으로 토지의 희소성을 근거로 대표 부동산 유형의 가치를 메기면

1) 토지

2) 단독주택

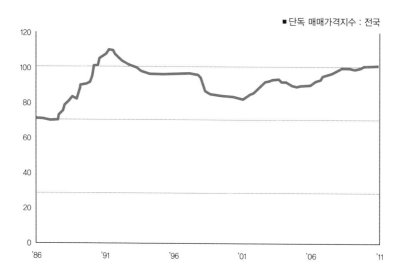

■단독 매매가격지수 : 전국

3) 다세대주택

4) 아파트 의 순으로 시장의 평가를 받을 것으로 예상된다.

최근 아파트들의 가격하락과는 달리 단독주택과 다세대주택의 상승세를 보면 이를 이해할 수 있다. 단독주택은 현재 토지의 희소성과 미래발전 가능성 즉, 개발여하에 따라 현금흐름이 달라질 수 있다는 것을 시장은 직감하고 있기 때문이다.

특히, 이는 도심개발이 제한 되어있는 경우 부가가치의 확연한 차이를 보임으로써 매매가격 까지도 이에 따라 달라질 수 있음은 확실하다. 예를 들어 같은 조건의 토지를 기준으로 어떻게 개발, 운영하는지에 따라서 어떻게 기회가 달라지는지 확인해 보자!

1) 강남역 근처 삼성서초본관 뒤쪽으로 단독주택을 210㎡(70평)을 보유

2) 210㎡(70평)의 우성아파트를 보유하고 있다라고 가정하자.

단독 주택을 보유하고 있는 사람은 용적률 제한까지 올려서 작은 금융빌딩으로 만들고 일층에 스타벅스, 2층부터는 외국계 금융회사들을 입주시키면 현금흐름이 달라질 뿐 아니라 임차인의 임대료 및 인지도에 따라서 건물의 가치가 확연히 달라지는 것이다.

반면, 우성아파트는 어떠한가? 재건축을 위하여 동의는 시지부진 한 상태이며 건물자체는 너무 노후하여 주거의 만족도도 많이 떨어진 상황이다. 결국 토지 자원의 희소성과 간단한 토지의 활용에 따라 현금흐름까지 가져다 줄 수 있는 다세대주택이 현재로써는 아파트에 비해서는 훨씬 경제적 이익이 강하며 경기침체기에 *헤징

(Hedging)의 기능을 잘 수행하고 있다라고 할 수 있다.

　아파트는 그저 시세가 오르기만을 기다려야 하는 상황 말고는 달리 방법이 크게 많지 않은 것이다.

---

* **헤징(Hedging) : 위험분산**

➡ 단독·다가구의 가격상승은 아파트에 대한 불안감과
개발에 대한 기대감이 섞여있는 이유이다.

단독, 다가구, 다세대주택의 가격은 왜 올랐을까?

최근 서울의 경우 아파트의 비중이 다른 주택에 비해 커지고 있다. 일반 단독주택이나 다가구에 비해 생활이 편리하고 커뮤니티, 보안 등이 잘 갖춰진 이유로 수요층이 늘면서 개발이 급속도로 진행된 이유이다.

반대로 단독 및 다가구 주택의 비중은 줄었다. 2011년 4월 서울시 주택본부에서 발표한 자료에 따르면 2010년 서울시 아파트 비중이 58%를 넘었음을 알 수 있다.

단독이나 다가구 주택이 차지하는 비중은 낮지만, 바꿔 말하면 남아있는 단독이나 다가구 주택 밀집 지역의 개발 가능성이 높아지고 있음을 나타낸다.

서울과 같은 도심의 경우는 지자체나 국가기관이 소유한 택지 등이 많지 않고, 신도시개발과 같은 수용방식의 개발도 쉽지않아 민간 공급에 의존해야 하는데, 그러기 위해선 단독이나 다가구 주택 밀집 지역이 재개발이나 재건축을 통해 개발되는 방법 말고는 없다.

서울시의 자료를 보면 그런 밀집 지역들의 개발요건이 2014년부터

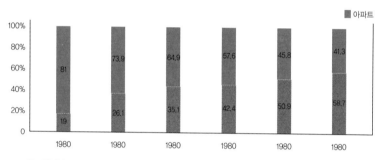

○아파트 : '80년대 19% ⇨ '10년 58.7%
○단독 및 다가구주택 등 : '80년대 81% 이상 ⇨ '10년 41.3%

2010 인구주택총조사자료는 잠정결과임(2009.12.)

- 향후 10년내 저층주거지 대부분 정비사업 지정요건 충족

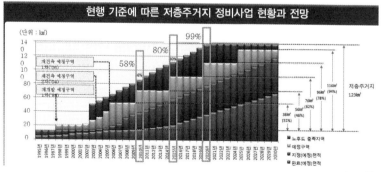

자료 : 서울시

급속도로 늘어남을 알 수 있다.

수용공급에 의한 가격상승

하지만 최근 전세가 상승을 막기 위한 민간공급 활성화 대책으로 도시형 생활주택과 같은 소형 다세대 주택의 공급이 급증하였다. 앞에서 언급한 토지의 희소성과 활용성의 미래가치는 어디까지나 토지의 기본가치에 관한 이야기이며 현재 다세대 주택의 급속한 증가속도는 인구구조의 변화에 따른 주택보급정책의 변화 및 주택시장 변화에 따른 주거형태 변화에 의한 것이다. 1~2인 세대의 증가로 소형 다세대 주택의 공급을 권장하는 정책을 폈던 것이다.

서울 부동산 정보 광장에 따르면 불황이 계속 될수록 다세대주택의 인기는 계속 올라가고 있으며 아파트의 가격은 하락하는 반면 전세가격은 급속도로 상승하여 이를 감당하지 못한 세입자들이 다세대를 주목하고 있다라고 설명하고 있다.

2011년 서울시내 다세대. 연립주택의 거래 비중이 점차 증가하여 지난해 19.2%에서 22.1%로 늘었다라고 말하고 있으며 현재 금융권에서도 도심형 생활주택에 한해서 연리 2%대의 저리로 금융지원을 하고 있기때문에 그 속도는 더 커질 것으로 예상된다.

특히, 지난해 대비 수도권에서는 아파트 인허가는 줄어드는 반면 다세대의 인허가는 2010년 대비 2011년 말 70% 가까이 증가한 것으로 알려져 있다.

결국 다세대/다가구 주택의 가격이 상승하는 요인 중 가장 중요한 것은 그만 큼, 시장의 수요자가 많아서라는 것이 된다.

토지의 희소성이 아닌 실수요자의 수요측면에서 살펴보면 다가구/다세대 등은 저렴하면서도 아파트에 비해 아주 심할 정도로 불편한 것은 아니며 충분히 아파트의 대체상품 역할을 하고 있는 것이 된다. 게다가 앞에서 말한 개발의 가능성도 있으니 일석이조의 성격을 갖는다.

현재 서울시의 아파트 주택공급의 감소와 경기위축에 따라 부동산 매매심리도 감소하여 매매거래량은 바닥을 보인다. 전세 가격마저 고공행진을 하고 있어서 결국 전세가격을 견디지 못한 세입자들이 조금은 눈높이를 낮추어 입지가 좋은 다가구/다세대 주택으로 아파트보다 낮은 가격의 메리트로 수요층이 늘어나고 있는 실정이다.

이러듯 수요층이 늘어나다 보니 입지가 좋은 다세대 주택들은 전세가가 70~80%에 육박하며 월세가격도 덩달아 오르기 시작했다. 다가구/다세대의 월세가격이 오르기 시작하면 월세가격의 비율에 따라 다세대가구의 매매가격이 결정됨으로 다세대의 매매가격도 같이 상승을 하면서 거래량 또한 많아지기 시작할 것이 분명하다.

국토 해양부 자료에 따르면 서울 지역의 연립. 다세대주택의 월세

주택 유형별 월세가격 변동률 단위 : %

	단독주택	아파트	연립·다세대주택	오피스텔
서울	1.8	1.5	7.8	4
경기	7.1	4.5	3.1	6.9
인천	2.6	-9.8	-3.8	1.3

2010년 6월~2012년 7월 동안 가격변동률임
자료 : 국토해양부

강남 4구 전월세 실거래 비중 단위 : %

	2010년	2010년	2010년
아파트	59.1	56.7	52.8
연립·다세대주택	18.3	21	23.7

강남 4구 : 강남, 서초, 송파, 강동
주 : 2012년은 7월 기준
자료 : 부동산114

가격 상승률이 다른 부동산 상품인 아파트, 오피스텔보다 월등히 높은 것으로 나타났으며 거래량 또한 2010년 18.3%에서 23.7%로 확연한 증가세를 보여주고 있다.

➡️ 풀지 못한 딜레마, 재개발·재건축도 꼼꼼히 살펴보자

재개발·재건축은 앞으로 어떻게 되나

재개발·재건축은 경제적인 요인으로 풀어내기에는 설명하기 조금 부족한 부분들이 많이 있다. 그 원인으로는 경제적인 시장의 흐름에 기인한다기 보다는 정부 정책을 통한 인위적인 요소들이 큰 변수들로 작용했기 때문이다. 이제껏 해왔던 경제적인 요소들을 내려놓고 잠깐 주거 정책적인 요소들을 통한 현장의 이해관계들을 설명하고자 한다.

2003년에서 2008년까지 재개발·재건축이 한참 대한민국 부동산을 휩쓸고 지나간 시기는 특이하게도 부동산 관련 대책이 모두 완화

에서 강화로 돌아선 시점이었다. 1998년 IMF이후 많은 완화 대책, 저금리 정책에도 불구하고 잠잠했던 부동산시장이 급변하여 2001년 말부터 투기성 자금들이 몰려들기 시작했고 이를 단속하기 위한 정부 규제들이 계속하여 쏟아져 나온 시절이다.

그 당시 도심주거정책의 방향은 한마디로 '규제강화'였으며 '집값을 잡아야 서민이 산다'라고 모든 정책 방향에서 주장하고 있었다. 하지만 특이하게도 그 당시 아파트 가격은 정책을 비웃기라도 하듯 급속도로 상승하였고 그에 따라 재개발 재건축 시장도 호황을 맞이하게 된다.

하지만 금융위기를 기점으로 부동산 경기 위축과 함께 박원순 서울 시장 이후로 광풍을 일으켰던 뉴타운에 대한 조정 작업이 한창 진행 중이다. 게다가 재개발·재건축의 진행과 관련하여선 지정 후에라도 해제가 가능하도록 할 수 있는 일몰 법령까지 만들어졌다.

주택정책에 큰 관심이 없는 독자들은 일몰이라는 법령이 조금 낯설게 느껴질 것이다. 그럼 여기서 일몰이 갖는 의미는 무엇인지 짚어보고 재개발 재건축의 방향성을 알아보도록 하겠다. 사실, 일몰이 검토되는 지역들은 뉴타운 사업추진의 의지가 없었던 곳으로서 해당 지역의 토지소유자로서는 대단위 개발보다는 소규모의 자체 개발이 유리한 입장인 지역들이다. 그러니 오히려 건축제한이 풀리고 자체 개발로 전환되는 것을 반가워한다.

대단위개발은 서로의 이해관계를 만족시키며 설득하기가 어려운 것이 사실이지만 소규모 단위개발은 특색에 따라 이해관계인들이 합의를 보기가 비교적 수월하다. 이런 이유로 일몰이 된다 하니 오히려 지가가 상승하는 조짐까지 나타나고 있는 것이 현실이다.

좀 더 구체적인 이유는 뉴타운을 통해 대단위로 묶어두었던 건축 제한이 풀리면서 도시형 생활주택과 같은 수익형 상품의 개발이 민간에서 개별적으로 가능해졌기 때문이다. 결국 해제가 되면 자체 개발이 가능한 중간 규모에서 대형 토지 소유자들은 이익을 보게 되며 단순히 입주권만을 노린 소형 지분 투자자자나 세입자들은 불이익에 처하게 된다.

세입자는 오히려 뉴타운 해제에 의해 손해를 볼 수 있다.

세입자가 불이익에 처하는 이유는 뉴타운 진행에 따라 지자체에서 저렴하게 제공하는 임대아파트나 사업시행자가 주는 *주거이전비를 보상받게 될 것을 희망하는 경우가 많았기 때문인데 자체개발로 변경되면 민간사업으로 분류되어 보상을 받을 수 없게 되기 때문이다. 보상을 목적으로 개발이 될 때까지 뉴타운·재개발 지역을 벗어나지 못하고 그 안에서 꿋꿋이 버티는 경우도 자주 목격되는데 건축제한이 풀리게 되면 보상 자체가 사라져 세입자로선 낙후된 그 지역에서 버틸 이유가 없어진다.

단순히 생각하면 '뉴타운이 안 되니 돈 없는 세입자가 쫓겨 나지 않아 좋겠다'라고 막연하게 생각할 수 있지만, 실상은 그렇지 않다.

---

* **주거이전비** : 뉴타운과 같은 개발로 인해 쫓겨나는 주거용 세입자에게 지급되는 보상금

개발로 묶어 두면 낙후된 상태에서 개발될 때 까지 살다가 개발되면 보상비와 임대아파트를 받게 되어 오히려 계속해서 거주가 가능하지만 해제되면 개발 제한이 풀려 건물 소유자가 낙후된 건물을 스스로 다시 개량하게 되고 그렇게 되면 보상 없이 밀려나게 되어 전세가가 낮은 더 낙후된 지역을 찾아 가게 될 확률이 높아지는 것이다. 이래도 저래도 나가야 하는 것이라면 보상비라도 받을 수 있는 것이 세입자로서는 좋다.

서민들의 입장에서 보면 보상비의 적고 많음의 문제, 임대아파트 비용 부담의 문제일 뿐 슬럼화된 곳을 고집하는 세입자, 서민들은 많지 않다. 결국, 뉴타운 개발의 찬성과 반대, 모두가 개발에 목적을 두고 있으며 이익 대립에 지나지 않는다.

공공적 성격이 강한 대규모 개발이냐 개개인들의 개별 개발이냐의 문제와 비용부담의 비율 문제일 뿐인데 차라리 돈 없는 세입자에겐 국가가 관리하는 개발이 훨씬 이익인 것이다. 뉴타운이 해제된다고 민간 개발을 막을 수 는 없으니 어쩔 수 없는 상황이다.

그런 이익 다툼에 피해를 보는 건 건물주, 토지주의 자체 개발에 따라 보상 없이 밀려나는 세입자이고 자체개발이 불가능한 서민들이다. 역설적이게도 뉴타운 해제에 따른 난개발의 피해자는 세입자, 서민일 수 밖에 없다는 결론이 되고 만다.

예를 들어 안양의 만안/박달 뉴타운의 경우, 취소를 요구하는 쪽과 진행을 요구하는 쪽의 다툼이 안양시청 공청회에서 한동안 있었는데 특이하게도 취소를 희망하는 쪽은 큰 땅들을 가진 소유자였으며 진행을 요구하는 쪽은 서민들인 소형지분 소유자였다. 일반인 생각에는 서민들이 반대할것 같은데 전혀 다르니 아이러니가 아닐 수 없다. 결국 해제되어 소형지분 소유자들은 급락의 상황을 면치 못했고, 큰 땅들을 가진 사람들은 건축제한이 풀려 도시형 생활주택이나 수익형 상가 건물과 같은 민간 개발을 진행하여 큰 이익을 보게 되었다.

다시 원점으로 가서 생각해 보면 사실 뉴타운의 지정 필요성은 사라졌다 보기 어렵다. 문제는 과거 뉴타운의 지정이 '표심 잡기'로 이용되었다는 점인데 이는 지정되지 말아야 할 곳까지 정확한 계획 없이 지정되었다는 것을 뜻하므로 그러한 지역만을 골라내야 옳다. 또 반대로 말하면 '표심잡기'에 이용되기에 충분할 만한 필요성이 있었다고 판단할 수도 있다.

결국, 재개발·재건축의 해제 또는 취소 절차는 '하지 말자'가 아닌 '할 곳과 안 할 곳을 고르자'로 압축되어야 한다. 과도했다는 이유로 궁지에 몰리는 중이지만 그렇다 하여 뉴타운 추진의 취지가 나빴다고 보기엔 그 당시 필요성은 절박하였으며 그러한 상황은 지금도 별반 다르지 않다.

뉴타운 지정이 '표심잡기'에 활용되었던 문제가 있었다면
해제 역시 '표심잡기'의 한 방향에 지나지 않는다.
결국 모두 정치적 행위에 지나지 않는다.

뉴타운 해제는 결국, 개별 개발을 부추겨 난개발로 이어지고 기반시설의 부족으로 연결될 것임에 자명하다. 도시는 엉망이 되고 외국인 관광객의 눈살을 찌푸리게 할 것이다. 드라마에서 보던 도시와는 다르게 온통 슬럼화 된 난장판이 서울 사대문 한복판에도 버젓이 자리하고 있기 때문이다. 과도한 지정에 따른 문제점이 많다하여 추진해야 할 곳의 필요성이 사라진 건 아닌데 말이다.

그럼 어디에 투자하고 어떤 지역은 나와야 하나

이명박 대통령이 서울시장인 시절엔 뉴타운 지정이 대세였다. 그리고 오세훈 시장 시절엔 많은 지역이 '르네상스'라는 이름으로 지정되었다. 이제 또다시 어떤 이름으로 불리는 정책이 만들어지더라도 사실 그 대상지는 같아야 한다. 결국 표밭이 아닌 개발의 필요성이 짙은 지역이 선별되어야 한다.

아무리 영세한 서민, 세입자라도 새로운 주거문화에 대해 꿈꾼다. 개발 사업으로 인해 서로 뺏기고 밀려나면 안 될 일임이 분명하지만 그렇다 하여 범죄율마저 높아지고 있는 슬럼화 된 판잣집에서 영원히 살고 싶은 맘을 가진 사람은 없다. 결국 슬럼화를 묵인해서도 안 되며 서민의 주거, 생활환경 개선을 위해 국가의 역할은 계속해서 이뤄져야 한다.

정책은 일몰에 대한 방법을 찾기보다 진행을 위한 방법을 찾았어야 함이 맞으며 개별 개발에 따라 보상을 받지 못하고 쫓겨나는 세입자가 없도록 대책을 강구해야 한다.

결국, 개발이 가능한 곳은 정치적 이유가 아닌 도시 계획적 이유로
접근함이 옳다. 노후도가 급증하는 지역, 지적이 불안정한 지역, 호
수밀도, 접도율 등의 요건이 개발 가능 여부를 결정해야 한다.

가까운 일본의 경우도 90년대 서울시 못지않게 도심 낙후된 주택
들이 많았으며 슬럼화가 사회적인 문제가 대두되던 시절이 있었다.
하지만 폐쇄된 항구나 창고용지, 매립지, 낙후된 공공주택지역 등 낙
후된 시설지역을 우선적으로 선별하여 도심 재개발 프로젝트를 진행
하였다. 결국 이들 지역에는 롯본기힐, 오모테산도, 오다이바 등 해
당 지역 관광 시 꼭 한번은 방문해야 하는 유명 명소로 자리잡았다.
결과적으로 일본은 적절한 도심 재개발을 바탕으로 슬럼화 지역의
신성장 동력을 찾은 동시에 해당 지역은 늘어난 세수로 서민복지 정
책에 더욱 힘쓸 수 기틀을 마련한 것이다.

일본의 사례를 바탕으로 우리는 다시 처음으로 돌아가 원론적 접
근이 필요한 시기이다. 그리고 정책 결정에 있어 서민, 세입자들의
편의를 고려하여 정책은 입안되어야 한다. 서울시가 잠시 추진했던
역세권 시프트 사업 같은 경우가 칭찬을 받는 이유가 여기에 있다.
입지가 좋은 곳을 서민들 주거문화지역으로 바꿔주면서 전세가도 안
정시킬 수 있기 때문이다.

반대로 표심잡기로 이용되었던 지역들은 잠시 보류함이 옳다.
'표심잡기' 개발 공약은 투기를 부추겼다. 그래서 이번 총선결과에

따라 개발 계획이 검토되는 일도 없어야 한다. 총선은 도시개발과는 전혀 무관함이 옳기 때문이다.

또다시 과거의 경험을 답습하여 표심, 정치적 색으로 지역개발이 움직인다면 또다시 일몰을 검토해야 하는 상황이 오게 될 것이다. 투자자의 입장에서 고려해야 할 점검 사항은 그 지역의 정치적 성향이 어떠하냐가 아닌 도시의 구조상 '개발해야 하는지에 대한 검토'여야 한다.

아마도 이 책에서 자주 언급하는 2014년 지방 선거 즈음에 다시 '도심 재생 개발론'이 부상할 가능성이 높다.

→ 세계경제와 부동산 상황을 짚어보고 우리의
부동산 문제도 살펴보자

대한민국 부동산은 과연 어떻게 될까

대외경제 여건은 어떠한가

전 세계적인 금융위기와 유럽의 재정위기 여파로 선진국들의 경제 성장성 예측은 그렇게 밝지만은 않은 실정이다. 반면 신흥개발도상 국들이 내수를 위한 인프라 건설을 시도하고 있고 그나마 형편이 좀 나은 편이다. 그리스의 재정지원 협상이 극적인 타결을 이루면서 그 나마 그리스의 유로존 탈퇴도 한시름 놓고 있는 실정이다. 비록 전반 적으로 침울하게 들려올 수 있는 경기예측이긴 하지만 현재 각국은 이 위기를 탈출하기 위하여 초저금리 통화정책과 적극적인 재정정책을 펼치고 있는 상황이다. 이에 OECD는 올해의 경기성장은 다시 낮춰 잡았지만 2014년까지 점진적으로 4.2%까지 성장할 것이라는 예측을 내 놓고 있다. 우리나라도 이런 위기를 의식하여 0.25%로 기준금리를 인하하여 통화확대 정책을 펼치고 있으나 가계부채의 심각성으로 인하여 적극적인 대응은 하기 힘든 상황이라 할 수 있다.

세계 경기침체의 원인을 제공했던 미국이 고전을 면치 못하던 주택산업의 성장과 함께 좋아지고 있으며, 선진국 중 유일하게 2012년, 2013년 2년 연속하여 경제성장률이 상승할 것으로 예측되어 세계경제의 실마리를 잡아가는 모습이다.

세계경제와 부동산을 짚어보자

미국발 금융위기 이후로 세계경제는 침체에서 쉽사리 벗어나지 못하고 있는 실정이다. 미국과 유럽의 재정위기는 지속되고 있으며 이에 각 선진국들의 소비자 신뢰 지수들도 약세를 면치 못하고 있다.

또한 작년 초에 잡아 놓았던 경기 전망들을 재조정하여 추가적으로 다시 전망치를 낮추는 추세이며 전반적으로 세계경제는 약세를 면치 못하는 형국임이 확실하다. 하지만 브라질, 러시아, 인도, 중국,

기관별 세계 경제 전망

〈단위:%〉

	IMF (2012년 10월)		OECD (2012년 5월)		세계은행 (2012년 6월)		아시아개발은행 (2012년 7월)	
	2012	2013	2012	2013	2012	2013	2012	2013
세계	3.3	3.6	3.4	4.2	2.5	3	–	–
선진국	1.3	1.5	–	–	1.4	1.9	1	1.6
신흥개도국	5.3	5.6	–	–	5.3	5.9	–	–

〈매경이코노미〉

멕시코 등의 신흥개도국을 중심으로 아직은 5%대 후반의 성장률을 유지할 것으로 예측하고 있다.

그래도 전체적으로는 작년에 비하여 소폭 하락을 전망하고 있다. 이나마 소폭 하락한 것도 브라질 및 인도처럼 적극적인 인프라투자를 확대하여 조금 늘어난 것이다.

그렇다면 거시 관점에서의 부동산에 많은 영향을 끼치는 금리 추세와 가계부채 지수는 어떠한지 살펴보자.

선진국은 지금 모두가 아는대로 초 저금리 상태이다. 미국의 금융위기 여파와 유로존 재정위기가 여전히 진행 중이며 G2(미국과 중국)의 경제에도 그렇게 좋은 뉴스는 보이지 않는 상황이다 보니 세계 각국은 기준금리를 내리고 있으며 현재는 1% 내의 초저금리 정책으로 경기부양에 안간힘을 쓰고 있다.

재정정책 및 기타 정책적인 실물경기 부양책이 시장에 먹히지 않자 유동성 공급을 통한 대량의 통화정책으로 경기부양에 나서고 있다. 단적인 예로 국제금융센터 자료에 따르면 "기준금리 변화를 집계한 28개 주요국 중 16개국이 올 들어 30차례에 걸쳐 자국의 기준금리를 내렸다."라고 발표했다.

역으로 생각해보면 얼마나 지금의 경기 침체를 만만하게 봤으면 30 내렸을까 하는 생각도 든다. 그나마 한국은 2% 이상의 중 금리 정책을 고수하고 있는데, 일부이긴 하지만 예전의 엔캐리트레이드 처럼 미국 같은 선진국들의 낮은 금리와 한국의 중 금리의 금리 마진을 노리고 투기성 자본의 영향력 아래에 놓일 우려도 커지고 있다.

2013년도 세계경기도 예상보다 더욱 좋지 않을 것으로 판단되어 현재 한국은행에서는 금리로의 인하를 심각하게 고민하고 있는 중으로 보인다.

국 가	기준금리(%)	비 고
미 국	0.25	FRB금리
일 본	0.09	BOJ 콜금리
독 일	0.01	2년Bond
영 국	0.32	1년 Gilt
홍 콩	0.5	
유럽연합	0.75	ECB 기준금리
한 국	2.75	콜금리

또 한가지 가장 문제가 되었던 가계부채 문제도 홍역을 치른 미국에서 조금씩 개선의 모습이 보여지고 있다. 뉴욕 연방은행은 2012년 3분기 가계부채가 전 분기 대비 0.7% 축소된 11조 3100억 달러(약 12,000조원)로 줄어들었다고 발표했다.

축소가 많이 된 거 같긴 한데 잘 실감하지 않을 액수이다. 가계부채가 초절정이었던 미국의 2008년 3분기 대비 1조 3700억 달러 감소이니까 단순히 환율 1,100원으로만 계산해도 무려 한화 1,100조원 가계부채가 2008년 최고치 대비 9% 가까이 조정을 받았다는 이야기이다.

부채축소로 인하여 가계의 건전성 확대엔 도움이 되겠지만, 전체 경제로 보면 불황일 때는 소비의 미덕을 보여서 신용팽창에 앞장서야 하는데 아직 그 단계는 아닌듯 하다. 결국 경기가 살아나려면 부채가 줄어드는 형태의 안정모드도 중요하지만 실제적으로 소비 액션으로 패턴이 변경되어야 가능하기 때문이다.

현재의 상황은 가계의 건전성이 소비의 축소로 이어지고 있는 모습이다. 실질적인 소비 진작으로 넘어가기에는 재정 절벽 문제, 주택 경기 활성화, 9% 대의 실업률 등 아직 풀어야 할 숙제가 많이 남아 있다.

우리의 IMF경험을 보면 자산가격 하락이 부동산 가격의 조정을 일으켰고 가계부채의 조정으로 기초체력을 다진 후 저금리를 통한 통화정책과 대외경기가 맞아 떨어지니 금방 제자리로 돌아온 경험이 있다.

지금은 조금 어렵지만 건전성을 회복한다면 다시 한번 좋은 결실을 기대할 수 있을 것을 예상한다.

세계 경제에 관하여 비관론만 존재하는 것은 아니다. 미국, 한국, 중국 등 주요 국가에서 새 정부 출범과 함께 희망적인 재정 정책에 대하여 기대를 하는 목소리도 높다.

최근 OECD 발표에 따르면 내년인 2013년은 3.4% 성장, 2014년은 4.2%의 성상을 예상하고 있으며 미국 경제도 그나마 예상외의 양호한 실적을 보여주고 있는 편이다.

최근 미국도 2012년 4월부터 7월까지 *Case-Shiller 주택가격

---

* **케이스-쉴러지수 (Case Shiller Index)** : 미국 주택시장의 가격 동향을 나타내는 경제 지표로서 1980년대 초 이를 고안한 경제학자 칼 케이스 (Kar Case)와 로버트 실러(Robert Shiller) 이름을 따름.
* **연방주택금융청 (The Federal Housing Finance Agency)** : 국영 모기지업체인 패니 메와 프레디맥 연방주택은행 (Federal Housing Agency)을 효과적으로 감시 감독하는 독립 연방기관. 국영 모기지 기관들이 탄탄하게 운영돼 모기지 시장이 안정적인 흐름을 유지하도록 하는 것을 목표로 관리감독 하는 기구.

지수가 4개월 연속 오름세를 기록하고 있다. 9월은 20대 도시의 S&P/Case-Shiller 주택가격지수를 보면 전년 동월대비 3.0% 상승하였고, *연방주택금융청 FHFA 주택가격도 전년 동월대비 4.4% 상승을 보여주고 있다.

기존 주택판매 및 신규주택 판매까지 모두 증가세로 조금씩 돌아서고 있는 추세이다. 또한 임대용 투자수요로 기존의 가압류주택의 판매도 올라가고 있다라는 좋은 소식이 들리고 있다.

미국 부동산 협회 9월 자료에 따르면 기존 단일가구주택 중간 값 (Mean) 은 전년동월대비 11% 상승한 18만 4,300달러로 상승하는 추세이다.

우리나라 경제도 그렇게 밝아 보이지 만은 않은 상황임은 세계경제와 크게 다를 바가 없다. 그나마 올해 보다는 예측 치들이 1% 정도 높은 편 이지만 아무래도 전세계 경기를 역행하기에는 무리가 있어 보인다. 무엇보다 우리나라 경제의 구조가 GDP의 70%를 수출이 차지하고 있어 대외 경제환경에 눈치를 봐야 하는 입장이다.

유럽 재정 위기 및 중국과 미국의 경기악화로 지난 2012년은 최악의 한 해를 보낸 것이 아닌가 싶다. 그나마 2013년 이후엔 좀 좋아지리라 보는 이유는 미국의 주택지수가 호전을 보이며 가계 부채가 어

년도	현대경제연구팀		LG경제연구팀		한국경제연구팀		한국개발연구원		한국은행		국회예산정책		한국금융연구팀	
	2012	2013	2012	2013	2012	2013	2012	2013	2012	2013	2012	2013	2012	2013
경제성장률	2.5	3.5	2.5	3.3	2.6	3.3	2.5	3.4	2.4	3.2	2.5	3.5	2.2	2.8
민간소비	1.3	2.9	1.6	2.3	1.4	2.5	1.8	32.4	1.7	3	1.4	2.5	1.4	2.1
설비투자	1.5	5.6	1.2	4	1.4	4	2.9	5.5	1.5	5	0.3	4.5	1.5	5.2
건설투자	0.2	2.5	0.3	0.4	0.3	2	0.2	2.3	0.2	2.9	0.6	0.2	0.1	2.1
소비자물가	2.4	2.6	2.4	2.5	2.6	2.6	2.1	2.4	2.3	2.7	2.2	2.5	2.3	2.8
경상수지	310	260	342	212	302.3	245.5	322	28.8	310	250	275	219	328	317
실업률	3.3	3.3	3.3	3.3	3.5	3.5	3.4	3.3	3.3	3.2	3.5	3.5		
원달러환율	1,125	1,095	1,133	1,080	1,139.5	1,106.3					1,132	1,035	1,128	184

느 정도 안정화를 찾아가는 모습을 보이고 있기 때문이다.

유럽의 위기도 그리스 구제 금융 재협상의 극적인 타결로 그리스의 유로존 일탈이라는 최악의 시나리오는 조금 벗어나게 되었다. 그렇다고 이러한 합의들이 모든 것의 방향을 바꾸는 것은 아니다.

그리스의 합의로 시장이 급한 불을 꺼서 안도감은 느끼겠지만 넘어야 할 재정 문제들은 시장에 언제든 다시 고개를 치켜들 가능성이 있다.

착공과 기초공사는 다져 놨는데 갑자기 건설사 부도로 돈이 없는 형국인데 채권단에서 합의해서 공사는 들어갈 수 있게 한 것이 지금의 그리스 상황이 아닌가 싶다.

결국 앞으로 부실공사 없이 건물을 얼마나 잘 올리느냐에 따라 임대료가 결정될 것이며 예상 월 현금흐름(Cashflow)가 보여지게 될 것이다. 그리고 그리스 입장에선 중간 중간에 공정을 살피면서 채권단과의 이견조율과 만기 협상을 잘 해야 한다. 그 과정을 우리는 잘 지켜봐야 할 것이다.

한국은행의 기준금리는 지난 2012년 10월 25일 2.75%로 2012년 7월 12일 발표한 3.0%보다 0.25% 내렸다. 이는 글로벌 경기 둔화와 유럽위기에 따라 국내경기도 더 이상 방치할 수 없다는 입장인거 같다.

한국은행 발표에 따르면 수출과 내수가 동반 하락함에 따라 국내경제의 성장성이 미약하다고 판단한 것이 가장 큰 이유이고 기준금리 인하를 통하여 선제적으로 경기부양을 할 필요성이 크다는 점을 감안한 것으로 보인다.

경기 부양에 선제적으로 대처하기 위하여 금리는 내려야 되지만 내리자니 현재의 가계부채의 위험도를 보면 확 맘껏 낮추지도 못하는 상황으로 한국은행 총재의 고민이 보이는 부분이다.

0.25% 인하라는 숫자 안에 많은 고민의 흔적들이 보인다. 가계부채는 도대체 어떻길래 이렇게 난리인 것인가? 최근 한국은행 금융안전 보고서에 따르면 가계금융 부채가 937조 3000억으로 전년대비 8.9% 증가하였다. 2013년이면 1,000조 원이 넘어 설 것으로 예상된다.

가계부채가 문제로 인식되는 이유는 미국이나 영국 등은 2007년 기점으로 가계부채율이 조금씩이라도 줄어드는 반면에 한국은 2005년 이후로 한 번도 줄지 않았다는 점에 있다.

심히 한국은행의 고민이 이해될 만하다.

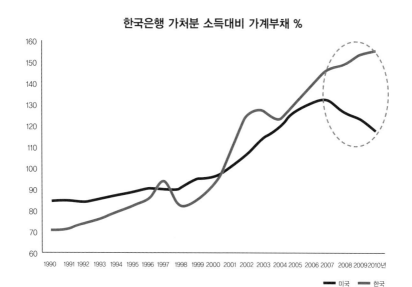

한국은행 가처분 소득대비 가계부채 %

그렇다면 다른 거 다 제외 하더라도 건설 경기는 어떻게 될까? 산업별 성장 예상표를 보면 의외로 2.0% 의 성장을 예상하고 있으며 지금까지 성장률을 저해할 만한 특별한 요소는 없는 것으로 알려져 있다.

여기서 많은 수의 독자들이 좀 이해가 안 된다는 생각을 할 수 있을 것이다. 2012년까지만 하더라도 마이너스 성장세를 나타낸 건설경기인데 어떻게 갑자기 2%대로 높여 잡을 수 있는지 말이다.

이유는 2012년 5월, 3차 저축은행 구조조정을 통하여 PF대출 및 건설사 자금 경색이 일어나 주택건설 경기는 좋지 않지만, 정부 사회간접자본 예산이 4년 만에 늘어난 덕분이다.

정부는 2013년도, 8000억가량 늘어난 예산안을 실행한다.

제6차 전력 수급 기본계획(2013~2027년)에 따라 대규모 발전소 계획이 세워졌고 * SOC 건설 투자에 당분간 매진할 가능성이 높다. 주택경기 진작은 아직은 먼 듯 하다.

지금까지의 상황을 정리해 보면, 전 세계경기는 금융위기 여파와 유럽의 재정위기로 인하여 전반적으로 좋지는 않은 상황이며 그나마 미국의 주택 경기호조와 제조업 지수 호전 및 가계부채 건전성이 개선되어 가고 있다는 것이다.

가계부채가 디플레이션을 유발할까?

최근 들어 미국금융위기의 여파와 유럽의 재정위기까지 가세하면

---

* **사회간접자본 (Social Overhead Capital)** : 생산활동에 직접적으로 사용되지는 않지만 경제활동을 원활하게 하기 위해 필요한 사회기반시설.

서 주식시장의 불안과 부동산시장의 침체를 많은 사람들이 경험하고 있다.

이러한 주식, 부동산 가격의 폭락을 계기로 일본과 같은 장기 저성장 기조에 진입할 것이라는 견해가 많음을 우리는 짚어 보았다. 이런 주장의 대표적인 내용 중에 하나가 2000년도 금융위기를 바탕으로 유럽재정위기까지 겹치면서 이러한 위기들이 실물경제로 이전되어 점진적인 경기하락을 만든다는 것이다. 여기에 2000년도 부동산 광풍을 틈타 자본 이득을 꿈꾸며 무리하게 대출을 끌어들여 주택을 구입했던 베이비부머들의 은퇴시기와 함께 실물경기 하락까지 체감하면 시장에는 급매물이 넘쳐날 것이며 이에 따라 주산의 가격이 순식간에 하락할 것이다 라고 주장하고 있다.

이에 부실자산의 채무를 안고 있는 금융권까지 다시 한번 위험해진다는 견해까지 확장하여 주장하고 있다.

그들의 주장을 결론해 보면 디플레이션 우려의 목소리가 높다는 것인데

기존의 과다차입 ➡ 경기부진, 신용경색 자산가격 하락➡채무부단 증가➡부채상환➡자산급매도➡ 디플레이션 악순환이 심화하는 현상을 말하는 것 같다.

가만히 그 시나리오를 보면 일본과 매우 흡사함을 알 수 있다. 거기에, 2009년 서브프라임 모기지 사태를 통한 미국의 케이스를 묘하게 썩어놓았다는 느낌을 받는다.

그들의 주장이 맞건 틀리건 현재 우리나라뿐 아니라 전 세계적으로 실물경기의 침체는 몇 년간 지속되어 온 것이 사실이며 이에 따라

가계도 적잖은 타격을 받을 것이 예상된다.

하지만 이런 질문을 해봐야 한다. 실물경기가 타격을 받더라도 가계부채의 정도에 따라서 그 정도가 심하고 덜하고의 차이가 분명 있을 것이며 그렇다면 현재 우리 가계의 부채 상태를 살펴 볼 필요가 있다라는 것이다. 부채 디플레이션을 겪었던 나라들과는 어떻게 다르고 현재 상황이 어느 정도인지는 뒤에서 구체적으로 살펴보도록 하겠다.

미국과 일본의 *디레버리징 현황

부채-디플레이션 상황은 과거 구매자들의 기대수익의 눈높이가 높아져서 미래의 가치를 미리 책정하는 데서 시작된다. 경기 호황기에 높게 측정함으로 인해 차입규모가 커져서 더 많은 자산을 구매하게 되는 것이다. 이후 경기 여건이 나빠져 기대수익에 미치지 못할 때 원리금 상환의 부담이 증가하는 경우에 발생한다.

2012년 10월 〈한국은행 금융안정보고서〉에 따르면 미국의 경우 2000년에서 2006년 상반기까지 주택가격상승으로 인한 수익률이 가계대출 금리 7.5%를 상회하면서 이 기간 중 가계부채의 평균이 10.3%나 증가하였다 한다.

일본 또한 1805년에서 1990년 3/4분기 중 주거용 주택의 가격 상승률이 가계대출 금리 13.8%를 상회하면서 가계 부채가 분기평균 10.0%까지 증가한 적이 있다.

여기까지는 문제가 없다. 왜냐하면 부채가 생기더라도 기대수익률 이상의 자산처분 이익이 나와주면 문제가 되지 않기 때문이다. 하지만 막연한 기대심리로 가계부채가 증가하고 가계의 소득 대비 부채가 급격히 늘어남으로 원리금 상환부담이 크게 상승하는 것이 문제가 된다.

어쩌면 여기까지도 큰 문제가 없을 수 있다. 더 큰 문제는 자산가치의 급격한 하락이다.

기대수익률도 못 건져 원금 상환하려고 매물로 내놨는데 팔리지도 않아 시중에 누적 급매물이 많을수록 가격은 내려가 급기야 팔더라도 빚이 남는 경우도 발생하게 되고 마는 것이다.

결국 차입이 과다해지고 채무부담이 증가한 가계는 부채조정이 시작되면서 전반적인 *디레버리징으로 확산되게 된다.

다음장 표와 같이 미국의 경우는 금융위기 이후, 부동산의 가격이 2008년 1/4분기에서 2009 1/4분기 중 까지 −16.3%까지 급격히 떨어지면서 모기지 압류 및 개인파산이 급증하였다. 이에 따라 시중에 급매물이 (Distress Selling) 급격하게 증가하였고 자산가격 하락이 다시 한번 가계의 실질 채무부담을 추가적으로 증가시키는 역할을 하게 된다.

미국은 2006년에, 일본은 1990년 3/4분기에 부동산 가격이 하락함으로 금융기관 부실자산 확대 등의 결과를 초래하였고 이에 따라 신용공급 축소, 담보가치 하락에 따라 민간소비 증가률 하락이

---

* **디레버리지 효과 (Deleveraging Effect):** 위의 리버리지효과와는 반대로 경제 주체들이 빚을 줄이는 데만 집중하여 소비기반이 무너져 경제성장의 발목을 잡는 현상.

연쇄적으로 발생하게 되었던 것이다. 해당 년도 별로, 미국의 경우 0.8%, 일본의 경우 1.2% 정도 하락한 것으로 나타났다.

급격한 자산가치하락에 따른 소비위축은 신용수축과 통화량 감소로 나타나면서 디플레이션의 그림자가 드리워지기 시작했다. 일본은

미국의 가계부채증가율 및 [자산가격상승률-가계대출금리] 격차

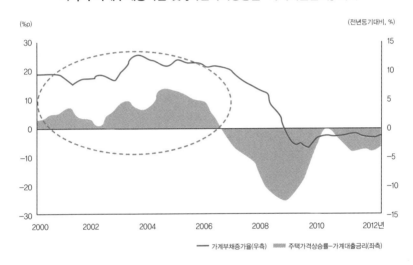

미국 가계의 자산 부채 조정

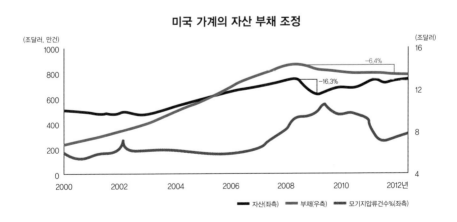

아직까지도 진행 중이며 미국은 신속한 통화량 투입을 통하여 어느 정도 둔화가 된 듯하다.

우리나라의 부채축소 현황은 어떠한가?

그렇다면 우리의 현재 상황은 어떠한가?

1) 자산 구매를 위한 채무부담 증가 규모

2) 디플레이션 정도

3) 앞으로 발생할 위험요소

등을 짚어봐야 하겠다.

많은 사람들이 일본의 구조와 우리나라를 비교하지만 특이하게도 우리나라는 일본보다는 미국과 비슷한 추세를 보여주고 있다.

우리나라의 경우, 2001에서 2007년까지 부동산 자산의 기대수익률이 높아짐에 따라 차입을 이용하여 주택구입에 나서기 시작했다. 이로 인하여 가계부채가 급격히 증가하였고 2005년을 지나면서 주택가격의 추가적인 상승으로 주택구입 시 추가 대출금 규모는 점점 늘어났다.

2003년 말 잔액 기준으로 152조였으며 2006년까지 매년 11% 이상의 증가를 보여주고 있다. 여기까지는 부동산 폭락설에 따른 디플레이션 주장을 잘 뒷받침하고 있는 것 같다.

하지만 2006년도 이후 금융권에 LTV(Loan To Value ration: 주택담보대출 비율), DTI(Debt To Income ratio: 총 부채상환 비율) 등 신규대출 규제를 강화한다.

이로 인해 부동산 담보대출이 크게 감소하는 경향을 보이게 된다. 최근 한국은행 금융안전 보고서에 따르면 우리나라 가계의 부채수준이 높고 채무부담도 늘어나고 있으나 주택 담보대출의 경우는 평균 담보 인정 비율이 2012년 6월말 기준 48%이어서 디레버리징 압력은 크지 않을 것이라고 설명하고 있다. 결과적으로 2008년에서 2009년까지 본격적인 자산가격 하락에 일어났지만 2006년 이전부터 부동산 금융억제 정책을 선세적으로 대응하여 크게 문제 될 것이 없다는 것이다.

조금 염려스러운 것은 그 당시 대출규제가 아파트와 강남권에 강하게 작용하면서 부분적으로만 효과가 있지 않았을까 하는 것인데, 전체적으로 보면 48%이나 지역의 편차에 따라 많이 다른 부분이 아직은 숙제인 것 같다.

부동산의 핵심지역인 서울 수도권의 매매심리 하락이 번져서 수도권 외곽의 부동산 가격의 하락폭이 커진 것이다. 수도권 외곽의 경우는 자산가격의 조정을 받으면서 주택 담보 비중이 지속적으로 상승하는 결과를 초래하여 LTV 비율이 60%를 넘어서게 된 경우가 많다. 이로 인해 금융권의 상환 압력 및 이자비용 가중으로 가계의 부담은 더욱 증가하는 것이다.

예를 들어, 2006년 분당의 아파트 가격이 9억 원 이었는데 현재 6억 원이라 한다면 LTV의 비율이 40%에서 60%를 훌쩍 넘어서게 된 것이다. 20%의 차이 금액에 관하여 금융권에서 상환의 압력을 받는 것이다.

또한 최근 들어 공시지가가 내려간 지역을 중심으로 그래도 어느 정도 여력이 있던 수도권에 집 한 채 있던 중산층에게 부채상환의 압력이 커지는 역할을 한다는 것이 문제가 된다.

우리나라 GDP 생산의 40% 이상이 수도권에 집중이 되어있는 것을 감안하면 주택의 추가 가격하락 시 소비에 미치는 영향은 생각보다 클 것으로 예상된다.

그렇다면 LTV와 DTI를 통해서 어느 정도 여력이 있다고는 한데 왜 언론에서는 대출 연체율이 높다라고 하는 것일까?

이것에 대한 답은 대출도 상황이나 성격에 따라 다르다는 것에 있다. 대출도 대출 나름이라는 것이다. 여유가 되고 잘 사는 사람들은 대출의 규모가 일반 서민들보다 월등히 높아도 1금융권을 이용하면서 연체율이 낮은 반면, 일반 서민층은 연 소득이 낮을수록 2금융권과 대부업으로 내 몰린다. 부자는 돈 쓰기도 쉽고 이자도 낮은 반면, 서민은 더 어렵고 이자도 높은 것이 현실이다.

〈"가계부채 고위험군 분석" KB경제 연구소〉에 따르면 가계부채의 편중도가 소득이 높을 수록 더욱 가계대출이 편중된 결과를 보여주고 있다. 즉, 월 소득 상위 30%가 전체 가계대출의 55%를 차지하고 있다. 또한 보유주택 상위 20%가 전체 가계부채의 54%를 점유하고 있다. 결론은 대출도 소득이 높은 사람들에게 편중되어 있으며 연체율 또한 소득이 높을수록 낮게 나타나는 경향이 있다는 것이다. 소득이 낮은 1분위 가구의 가처분 소득에 비하여 부채비율이 201.7% 나타내고 있으며 전년에 143% 비하여 많이 높아진 것이다.

반면 전체 〈한국은행 2011년 각계금융조사〉에 따르면 부채의 50%

정도를 점유하는 5분 위 가구 (소득 상위20%)의 그 비율은 오히려 떨어진 진 것으로 나타난다.

그렇다고 저소득층의 가계자산 하락이 안전하다는 의미는 아니다. 최근 들어 2분 위에 속하는 저소득자 중 영세자영업자들이 늘어나고 있는 실정이다.

특히 2010년을 필두로 베이비부머들의 은퇴가 본격화 되면서 고령층의 자영업자들이 증가추세에 있다. 2012년 6월 기준으로 50대 자영업자는 전체 자영자의 34%로 가장 높은 가운데, 60세 이상도 25% 달해 50~60대 자영자의 비중은 전체 자영업자중 59% 정도를 차지하고 있다.

또한 자영업자들은 임금 근로자에 비하여 신용등급 등이 낮은 5~7등급 사이에 많이 몰려있으며 전체 전체신용등급 중 5~10등급

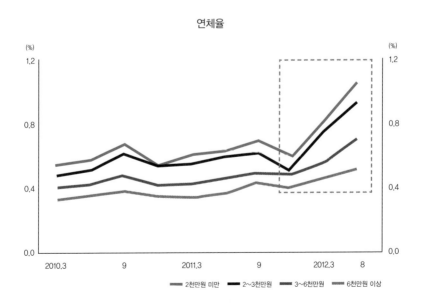

연체율

의 저 신용등급이 61%를 차지하고 있어 부채구조에 있어서도 상대적으로 취약하다고 할 수 있다.

결국 정리해 보면 자산가격 하락으로 인하여 디플레이션을 걱정할 수는 있으나 2006년부터 시작된 LTV, DTI의 선제적인 시행으로 어느 정도 완충장치는 된 것으로 여겨진다. 또한 연체가 늘어나고 있지만 전체적인 대출규모 면에서, 상위20% (소득자 5분 위 그룹)이 전체 가계대출의 50% 이상을 점유하고 있으니 이 또한 어느 정도 안심이다. 이들은 연체율 면에서 어느 정도 안전한 여력을 보여주기 때문이다.

물론 상위 30%이상의 계층에서 부채의 50%이상을 보유하고 있다고 안심해도 되는 것은 아니다. 연 소득 2000만원 이하의 저소득 층과 중산층 3000만원 이상의 중산층은 소득대비 주택부채가 많은 편이다. 특히 저소득층 중 최근 들어 베이비부머 은퇴를 시점으로 영세 자영업자들이 해마다 증가할 것으로 예상된다. 정부 차원에서 저소득층을 위한 임대주택 등 취약 계통을 위한 정부차원에서 재정정책을 선별적으로 지원해야 한다. 즉, 부채의 지원책도 우선순위를 정하여 선별적인 정책이 우선되면 미국과 같은 급격한 시장변동은 없을 것으로 예상한다.

가계부채와 주택담보대출의 부담이 걱정되지 않는 건 아니지만 미국과 일본 같은 경제전반의 자산가격 급감➡부채상환 압력➡ 소비위축➡ 디플레이션으로 접어들 정도는 아닌 것이 필자의 주장이다.

인구구조의 변화

이제 너무나 유명한 인구구조 변화에 따른 자산버블 폭락을 주장하는 사람들의 논리를 한번 따져보자! 인구구조의 변화는 거시환경 관점에서는 부동산 시장에 미치는 영향이 크다.

점점 심화되는 저 출산과 인구 고령화 문제로 인하여 생산가능 인구가 줄어듦으로 경제전반 특히 부동산 가격에 부정적인 영향으로 작용할 가능성은 크다라고 할 수 있다.

특히 베이비부머들의 자산 분포를 보면 현재 부동산 자산이 70% 이상을 소유하고 있으며 이는 은퇴자금을 만들기 위하여 자산을 처분해야 하는 시점이 도래했다고 볼 수 있게 된다.

전체 인구의 15% 이상을 차지하는 베이비부머들이 동일 시점에서 부동산 자산들을 한꺼번에 시장에 매물로 내놓으면 부동산 시장은 침체의 길을 피할 수 없다.

가까운 일본과 미국의 사례를 보더라도 은퇴시기와 생산가능 인구가 감소하기 시작하면서 부동산 시장에 미치는 영향은 부정적일 수밖에 없었으며 경제 생산성이 취약해질 무렵 버블 붕괴와 함께 부동산 가격은 장기적으로 하락의 길을 면치 못 했다. 미국과 일본의 경우 생산자 인구가 정점에 다다르는 시점 이후에 부동산 시장의 거품 붕괴가 일어났던 것이다. 표를 보면 충분히 일리가 있는 말이다. 하지만 그런 상황이 우리에게도 지금 일어나고 있는 것인지는 살펴봐야 한다.

우선 베이비부머들의 정의와 몇 년부터 몇 년도 생들을 이야기하

는 것인지를 살펴보자

일단 네이버 지식백과의 내용을 인용하면, 베이비부머 세대란 전쟁 전후에 태어난 사람을 뜻하며, 나라에 따라 연령대가 다르다.

우리나라의 경우 1955년에서 1964년 사이에 태어난 약 900만 명이 해당된다.

미국은 1946에서 1964까지 태어난 7,200만 명이, 일본은 1947에서 1949년까지 태어난 806만 명이 베이비 붐 세대에 속한다.

그렇다면 우리나라보다 10년 정도 일찍 시작된 미국의 베이비부머 세대는 은퇴시점 정도에서 불황이어야 하는데, 6~7년간 부동산호황을 보여 준다.

결국, 베이비부머의 은퇴시점은 중요한 참고사항은 되지만 유동성, 대외 경기현황, 투자심리 등 다양한 변수에 따라서 달라 질 수 있으므로 단일변수로만 작용되지 않는 다는 얘기가 된다.

주요 선진국 주택가격지수

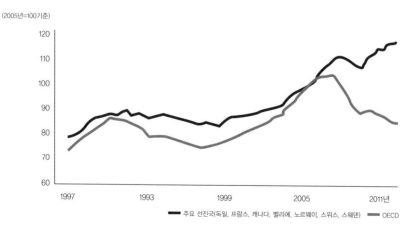

(2005년=100기준)

주요 선진국(독일, 프랑스, 캐나다, 벨리에, 노르웨이, 스위스, 스웨덴)   OECD

또 다른 예를 한번 들어보자. 우리보다 노령화 진행이 훨씬 일찍 진행되었고 출산율이 낮은 선진국 독일, 프랑스 등의 나라를 살펴보면 2007에서 2009년도에 약간의 조정을 거쳤을 뿐 2009년 이후로 주택가격 지수는 계속하여 증가하고 있다.

이는 인구구조 변화에 따른 경제적인 파장은 참고사항은 될 수 있으나 절대적인 자산가격 하락 판단기준이 되지는 못한다는 점을 다시 한번 강조한다.

물론 여기에 또 상세히 각 나라마다 자산의 구조 및 경제상황 특성을 따지면서 다른 점을 찾는다면 대표 비교 나라인 일본과 미국도 각각의 상황이 다 다르니 서로를 비교대상으로 삼는 것 자체가 의미가 없을 수도 있다.

결국, 인구구조의 변화는 자산가치 하락의 논리에 아주 작은 부문이라는 느낌을 받게 된다. 작은 한 부문까지는 아니지만 하나의 원인 정도로 해석함이 옳다.

너무 많은 다른 방향들이 영향을 주기 때문에, 다양한 결과를 도출할 수 있기 때문에 인구구조의 변화를 놓고 앞으로 이렇게 되겠다라고 주장하는 것은 무리가 있다.

인터넷 검색 창에 베이비부머를 검색하면 14가지 관련 토픽들이 뜬다. 토픽들을 한번 살펴보면 대부분 내용들은 대부분 인구구조 변화에 따라서 재정문제, 소득분배, 사회적 문제, 복지지출 증대, 주택수요 예측, 주거환경 변화 등. 인구구조 변화에 따른 영향을 주는 부문에 대하여 많은 사람들이 관심을 갖고 있음을 알 수 있다. 결국 차후에 일어날 무수한 결과 안에서 참고해야 될 원인 중에 하나인 것이다.

쌍봉세대는 구세주?

인구구조 변화, 노령화에 따른 생산력 저하 압력은 누구나 다 아는 사실이다. 그렇다면 또 다른 질문하나 도대체 베이비부머들의 은퇴를 통한 수득감소, 복지재정 증가 등 생산적으로 부정적인 요소들만 존재하는 것일까?

상식적으로 베이비부머가 그렇게 많다면 이들을 대체할 만한 제 2의 베이비 부머세대들은 없을까를 생각해 보자. 쉽게 말해 늘어난 인구인 베이비부머 세대의 자녀들의 인구와 생산성도 만만치 않다는 것이다.

실질적으로 자산 및 경제적인 소득자체가 높은 수준인 쌍봉세대의 증감에 따라 주택 수요층의 잠재적인 시장규모(Market Share)를 짐작해 볼 수 있지 않을까? 하는 물음도 우리는 해야 한다.

현재 인구구조상 가장 많은 퍼센트(%)를 차지하는 연령층은 제 1차 베이비부머인 1955년에서 1963년생까지와, 제 2차 세대인 1965년에서 1974년생까지의 연령대이다. 이들이 자산시장에 끼치는 영향이 사실 엄청나다. 주변을 둘러보면 1965년에서 1974년생까지의 인구들이 많은 활동을 하고 있음을 알게 될 것이다.

그들이 전체 인구에서 차지하는 비율은 30% 정도 밖에 되진 않지만 가계자산의 절반이상을 소유하고 있기 때문이라고 할 수 있다. 당연한 귀결이다.

대한민국의 가족 구성과 경제구조, 취업구조, 자산 형성 과정을 한 사람의 일대기로 보면 쉽게 알수 있다. 남자의 경우 군대를 제대하고 대학교를 졸업하기 이전인 24세에서 27세 이전까지 이렇다 할 자산 구조를 가지고 있기가 벤처기업을 갑자기 크게 성공하지 않는한 쉽지 않다. 최근 결혼이 늦어지면서 30살이 넘어서도 자산을 이루지 못하고 부모세대와 함께하는 사람들도 많다.

경기가 어려울수록 소위 말하는 세대를 합가 부모님과 함께 사는 나이든 캥거루 족이 얼마나 많은가?

현재 쌍봉세대라 일컫는 집단은 40세에서 59세세의 연령대를 지칭한다. 이들은 한국 사회에서 소득이나 자산소유 비중이 가장 높은 세대일 뿐 아니라 사회적 지위까지 가장 높은 세대라 할 수 있다.

기성세대의 대표주자 격이다. 이들은 현재 대한민국 전체 인구구조에서 27% 가량을 차지하고 있으며 2015에 2016년사이에 전체 인구구조의 33% 정도를 차지할 것으로 예상하고 있다.

한국의 베이비부머 세대 분포

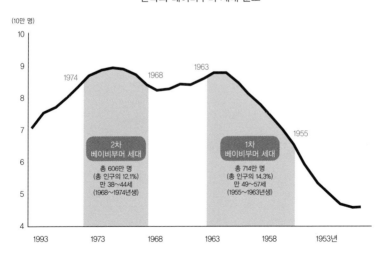

사회 구조상 3인 이상 가구의 대부분을 차지하는 쌍봉세대는 주택의 사이즈나 학군을 위한 이동 등 업그레이드의 갈림길에 서있는 세대가 많다 할 것이다. 일부 부동산 폭등론을 주장하는 의견들 사이에서는 이 쌍봉세대가 경제 활동의 절정이 되는 2015년 도를 부동산 가격의 절정인 때로 예견하기도 한다. 하지만 이역시도 과도한 해석일 수 있다. 앞에 언급 한 봐와 같이 인구구조는 하나의 원인 및 압력의 요인이 될 뿐이지 절대적인 영향이 될 수는 없다는 것을 상기하기 바란다.

쌍봉세대의 특징은 1기 베이비부머 세대와 2기 베이비부머 세대들이 거의 같은 시기에 경제활동을 하며 같이 있다는 것이다.

60이 넘으신 아버님과 40을 바라보는 나의 생각이 다르며 이로 인한 라이프스타일이 다르다. 이는 소비형태의 변화를 나타낼 수 있고 다른 각도에서의 소비 방향을 나타낼 수도 있게 된다. 그리고 아직 두 세대 모두가 일을 하고 있으며 좀처럼 쉬어서도 안 되는 사회적 분위기이다.

경제적으로 보면 1기 베이비부머 세대는 2010년부터 본격적인 은퇴를 시작으로 매년 25만명 가량 은퇴를 할 것으로 본다. 2기 베이비부머 세대들은 1기 세대들보다 조금 은퇴가 빠르게 진행되어 2012년부터 본격적으로 시작될 것으로 예상된다.

또한 가족 구성으로 볼 때 2기 베이비부머들은 1기보다 자녀수가 적은 것으로 판단되며 소비성향 또한 뚜렷한 차이를 보이는 것이 특징이다. 예를 들어 주택관련하여서는 연령대가 높을수록 상속의 개념이 강하며 연령대가 낮을수록 연금 수령 및 노후대비의 개념이 강한 것으로 나타났다.

특히 주택금융공사 〈금융월보 2012년 9월호〉40P에 따르면 60대 이상의 노령층에서는 자식에게 상속의 의향이 70% 이상으로 나타나고 있어서 고령층일수록 주택 보유 및 상속의 개념이 강한 것으로 나타났다.

은퇴 시점이 점점 앞당겨지는 추세에서 주택 연금가입 등으로 상속 및 보유의 개념이 조금씩 약해지는 것을 볼 수 있다. 단적인 예로 주택연금 가입실태는 해마다 그 수가 높아지고 있는 실정이다.

쌍봉세대가 인구구조에서 차지하는 비율이 매우 높고 자산보유가 가장 높다고 하여도 부동산의 소유와 상속의 개념이 이전 세대들보다 약한 것이 사실이다. 하지만 라이프 사이클 구조상 3인 이상가구의 대부분을 차지하고 있으며 자녀들의 초.중.고 학업 등으로 인해 주택 업그레이드 및 갈아타기 수요는 많은 것 또한 사실이다.

우리나라의 노령화는 베이비부머의 은퇴와 맞물려 있으며 그들의 실질석인 자산이 부동산에 많이 편중 되어있다. 그래서 많은 은퇴자들이 준비 없는 영세자영업 창업에 내 몰리고 있다. 특히 노후자금 및 창업자금을 확보하기 위하여 부동산 자산을 어느 정도 처분해야 상황이다. 하지만 수도권의 대형평수를 소유하고 있는 가계라면 매매마저 현재 녹녹하지 않은 상황이라 하겠다.

이는 분명 우리경제에 부정적인 영향을 줄 수 있는 상황이나 이러한 상황만으로 버블 붕괴의 위험을 확정할 수는 없다. 이유로는 현재 미국을 제외한 유럽의 선진국들 중 상당수가 우리보다 노령화가 빨리 진행되었지만 2009년 일부 가격조정만을 살짝 나타났을 뿐, 이후

2011년까지 추가 상승한 지역이 많기 때문이다.

이를 바탕으로 인구구조변화는 다양한 결과를 초래하는 원인중의 하나는 될 수 있지만 절대적인 변수라고 이야기 할 수는 없다. 최근의 예로 미국의 양적 완화 정책 이후로 홍콩 및 몇 몇 아시아 국가에서도 부동산 가격이 비이상적으로 상승하고 있다. 결국 인구 구조보다는 유동성 확대가 더 큰 영향을 줄 수 있다는 것이다.

또한 주택수요의 잠재 요소 중의 하나가 쌍봉세대의 주택 갈아타기라 할 수 있겠다. 40~59세까지로 대표되는 이 세대는 2015년에 전체 인구의 33%로 최고치에 달할 것이며 이때에 주택 업그레이드 및 이주 수요의 잠재적 수요가 가장 강하다고 할 수 있겠다.

→ 물가 상승의 원인 언제까지 수요와 공급에
기댈순 없다!

가격 상승을 수요와 공급의 문제로만 볼 것인가

흔히들 경제학에서 가격을 논할 때 수요와 공급의 논리를 많이들 적용시킨다. 수요와 공급곡선이 만나는 접점에서 균형가격(Equilibrium)이 형성되며 가격의 탄력성으로 어떤 요소들은 조금만 변해도 가격변화가 크다라고 어렵게 설명하고 있다.

이 말을 단순화하면 결국 구입하고자 하는 욕구가 강하고 물건이 귀해지면 가격은 오른다는 말이다. 그 중에서도 부동산처럼 조그마한 수요의 변화에 따라서 가격의 변화가 심한 투기성 품목은 가격변화의 폭이 다른 상품에 비해 크다고 우리는 대학교의 경제시간 또는 중. 고등학교 정치경제시간에 배워왔다.

수요와 공급의 법칙이 무조건 적용되는 것은 아니다.

현실은 책 속의 공식처럼 무조건 수요와 공급의 법칙이 적용되는 것은 아니다.

경기가 어려워 소비를 줄이면 수요가 줄어들어 시장 가격이 하락하는 것은 당연하지만 현실에선 적용되지 않는 예들이 많이 있다.

오히려 경기가 어려울 때, 소득은 고정 되어있고 소비는 줄였는데

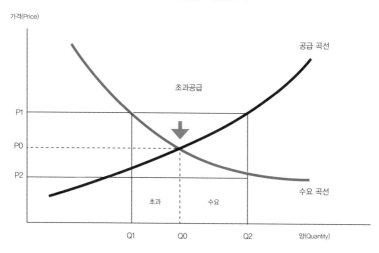

수요와 공급의 균형가격

가격이 오르면 수요량은 감소하고 공급량은 증가하며, 가격이 내리면 반대의 현상이 일어난다. 가격과 수요·공급약을 각각 수직, 수평으로 하는 직각 좌표에 이러한 현상을 표시하면, 가격–수요곡선은 우하향하는데, 이를 도시하면 다음과 같다. 보통 자유경쟁하에서 실제가격은 수요곡선과 공급곡선의 교점이 된다. 그런데 이것은 엄밀하게 말하면 가격이 오를 겨우 소비의 변화를 드러내는 가격–소비 곡선으로 볼 수 있으며 부와 다른 상품의 가격, 선호가 변하지 않을 겨우 한 상품의 가격과 그 가격에서의 소비량의 관계를 설명하는 곡선이다.

도 물건의 가격이 계속 오르는 경우가 많다. 수요가 많은 때는 급속하게 가격이 상승하고 그렇다고 수요가 줄어들면 급격하게 가격이 줄어들지 않으니 결국 가격은 지속적으로 상승하는 결과가 되는 것이다.

늘어나는 비용으로 예전에 소비하던 부문들을 하나씩 포기하게 되는 선택을 해야 하는 시점이 온다. 특히 그런 선택들에의해 삶의 질에있어서 가장 중요한 기본적인 지출인 병원비, 보험료, 자식 교육비 마저도 줄여야 된다면 심각한 상황이라 할 수 있다.

경기가 어려울 때는 수입 원자재가격이 상승해서 원가 압력 때문에 가격이 오르고 경기가 좋을 땐 수요가 많아졌다며 가격이 오른다. 이런 기분 나쁜 상황의 연출은 과연 뭔가?

물건의 가격, 물가는 항상 오르기만 하고 왜 내려가진 않을까? 혹, 내려가더라도 오른 만큼 잘 내려가지 않는 이유는 무엇일까?

휘발유를 예로 들면 중동지역 내전 또는 전쟁 시에는 공급물량 부족을 핑계로 가격이 상승하고 전쟁이 종식되고 국제유가가 내려갈 때면 같이 내려가지 않고 오히려 비쌀 때 구입해 둔 재고의 핑계로 내리지 않고 또한 일정 시간이 흐르면 물가 상승률을 핑계로 내려가지 않는 게 일반적인 현상이다.

출산율 감소로 인하여 수요시장이 확연히 줄어들고 있다는 분유시장을 예를 들어보자.

늦은 결혼과 맞벌이로 신생아 출산율이 현격히 떨어지는 추세임은 모두가 알고 있는 사실이다. 이에 따라 수요는 예전보다 많이 감소한 것으로 예상된다. 하지만 분유의 국제원가 상승과 유기농 등의 프리미엄 분유라는 핑계로 가격은 우리도 모르는 사이 점점 상승하고 있다. 생산 기술의 발달과 경영의 효율성 증대로 오히려 원가가 줄어야 하는 것이 맞지 않을까?

20년 넘게 우리에게 사랑 받아온 새우깡과 쵸코파힝를 보자 언제 한번 경기가 어렵다고 판매율이 저조하다고 가격이 일시적으로 나마 떨어졌던 적이 있었나? 당연히 내 기억 속에는 존재하지 않는다. 가끔 정부의 물가정책으로 가격을 올리지 못해 사이즈가 줄었다는 설은 있지만 가격하락은 아직 경험하지 못했다.

주택 공급은 현저히 떨어졌는데 가격은 오르지 않는다

주택시장은 어떠한가를 보자. 국토해양부 자료에 따르면 2005년에서 2007사이에 주택보급률은 98.3%, 99.2%, 99.6%에 이어 2008년, 100.7%로 100%를 넘어섰다.

현재 보급률은 102%에 달한다. 여기까지는 공급량이 증가하고 인구변화에 따른 수요가 감소하여 주택의 가격이 떨어지는 이유가 된 것 같기도 하다.

하지만 지역적으로 뜯어서 보면 서울은 한번도 주택공급률이 97%를 넘어서 본적이 없다. 게다가 한 사람이 여러 채를 소유한 경우도 많아 자가 보유율은 더 낮다고 볼 수 있다.

그렇다면 상식적으로 공급이 항상 모자라는 지역인 서울은 가격이 조금씩 상승을 해야 하며 전국에서 하락의 폭이 가장 제한적이어야 하는 것이 아닐까?

공급이 모자라는 만큼 수요가 그만큼 더 떨어지면 충분히 그럴 수 있는 것 아닌가? 라는 반문을 해본다. 하지만 주택 보급률이 현저히 많았다던 지방의 경우는 정반대 현상도 일어나고 있는 것이 현실이다.

대구를 중심으로 한 경북지역은 2011년 주택보급률이 108.7% 로서 공급적인 측면인 보급률로 따져보면 전국에서 가장 높은 지역이다. 수요적인 측면서도 현재 경북의 인구유입이 최근 줄어들고 있어 주택가격 증가 요인과는 거리가 멀다.

정리해보면 전통 경제학에서는 가격의 형성은 수요와 공급의 논리이고 공급이 늘고 수요가 줄어들면 가격이 내려가는 것이고. 공급이 제한적이고 수요가 늘어나면 가격이 상승하는 것이 논리적으로 맞는 것이다.

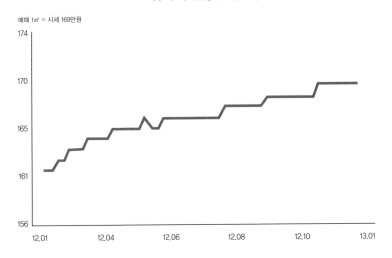

대구시 시세변동 추이(매매)

매매 1㎡ = 시세 169만원

하지만 서울은 수요대비 공급이 항상 부족하지만 가격의 거품을 평계로 2010년 1/4분기 이후로 매매가격은 지속적으로 하락 중이다. 지방의 경우 공급량이 가장 높은 지역인 경우 인구유입까지 떨어지면서도 가격이 하락해야 하는 것이 논리적이지만 현실은 그렇지 않은 경우가 많다.

주택가격은 전체적으로 올랐는데 왜? 서울 경기도 지역의 주택가격은 계속 하락하는지? 광주시 및 세종시의 아파트들의 가격은 시장과 역행하면서 왜 그렇게 상승했는지? 의문을 가져본다.

주식 시장에서도 이와 유사한 현상들이 발견되는 것을 목격한다. 경제의 기초체력이 많이 약해졌고 기업들이 현금 확보를 위하여 설비투자에 적극적이지 못하니 기업의 실적은 당연히 좋은 소식이 없다. 이때 주식시장은 장기간 보합의 행보를 걷거나 하락의 추세를 보여준다. 하지만 이때 갑자기 테마주 라는 것이 등장한다. 시장의 소

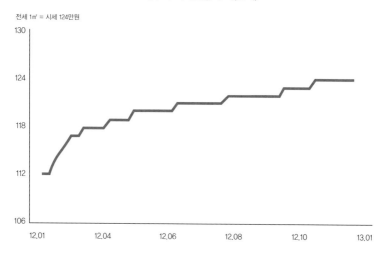

대구시 시세변동 추이(전세)

전세 1㎡ = 시세 124만원

문과 누구의 연설을 듣고 행간의 의미를 추론해서 만들어내는 대선 태마주가 시장을 흐려놓는다.

작은 외부의 영향으로도 증시가 출렁거리기 시작하며 리서치로 유명하신 분들이 시장의 예측을 막 내놓기 시작한다. 하루에 2~3% 출렁거리는 건 이제 놀랍지도 않다. 결국 위에서 말한 것들도 이러한 것과 일맥상통하는 현상이다.

수요와 공급의 법칙은 일반적이고 정상적인 환경에서 사고자 하는 사람과 제공하고자 하는 사람들의 욕심의 접점에서 만들어지는 것이다. 하지만 지금의 부동산 시장은 그렇게 이성적이지 않다. 이성적이지 않다라는 의미는 거품을 품을 수도 있지만 반대로 가치에 비해 필요 이상으로 저평가될 가능성도 내포하고 있다는 것이다.

지금 현재의 상황은 정상적인 시장의 환경이라고 보기는 힘들다. 사고자 하는 사람은 구매의욕을 완전히 상실했으며 공급하고자 하는 사람들은 제공하고자 하는 의욕을 완전히 상실한 시장이다. 단지 전세가격만 급격히 오르고 있어 서민들의 주거 불안정은 더욱 높아만 가고 있다.

전세가 상승의 이유, 매매는 선택이지만 전세는 필수이기 때문이다.

주택보유자는 가격이 내려가서 우울하고 세입자는 계절 별로 오르는 미친 전세가격 때문에 우울하고 건설업체들은 PF대출의 길이 막혀서 우울하다. 시장 참여자 누구하나 이익을 보는 경제 주체자들이 없는 것이 현재의 부동산 시장이다.

그럼 저가에 주택을 구매하는 사람은 이익이 아닌가? 하지만 구매자는 이것보다 더 떨어질 것 같다는 불안을 항상 품고 있으며 더 떨어질 때까지 기다리다가, 그리고 기다림이 지속될수록 반대로 상승하는 전세자금 만드느라 종자돈 축적의 기회비용을 잃고 만다.

　시장의 침체 상태가 지속됨에도 불구하고 정부정책을 중심으로 한 부동산 시장은 여전히 움직이고 있다. 가까운 예로 세종 신도시, 여수 엑스포, 강원도 동계올림픽 등의 정부 주도하의 부동산은 주식시장의 테마주들처럼 토지가격 및 주위의 주택시장의 가격을 흐려 놓고 있다

　시장이 이렇게 테마주들, 뉴스로 시끄러울 때는 조용히 시장의 기초채력(Fundamental)을 생각해보는 관망의 자세도 좋지만 이제 침체를 벗어나 움직일 때도 된 것이 아닌가 생각해본다.

　그럼 이 근본(Fundmental)이란 무엇인가? 주택가격의 형성 요인 중에서 수요와 공급으로 이전에 가격을 떠 받치고 올려놓고 있는 기본은 무엇인가가 존재한다는 것을 직관적으로 느낄 수 있다. 아파트로 대표되는 부동산의 근본은 주거의 편리성이며 소위 말하는 좋은 입지에 있는 부동산들이 자산의 가치가 높다. 이러한 주거에 관한 선호도를 가장 잘 반영하는 지표가 바로 매매가 대비 전세가이다.

　회사와 가까운 곳의 주거 편의성과 쾌적성을 갖춰 놓은 곳은 항상 전세가 강세로 이어진다. 단순히 생각해도 지하철과 광역버스를 타고 직장에서 1시간 이상씩 하루 2시간 길거리에 버리는 것보다 그 시간에 가족과 함께 있는 시간이 좋으리라. 또한 포기하는 비용보다 주택가격 자산의 가격이 올라준다는 기대가 있다면 모를까 현재와 같

이 매매가격의 하락기에는 주거환경이 좋은 주택으로 전세 수요가 몰려서 한동한 전세가격은 상승할 것으로 보여진다.

우리나라 부동산, 무엇이 문제인가?

부동산 시장 가격의 형성은 단순히 1차 방정식이 아니다. 국내주택 정책, 경제상황, 소비심리, 대외 경제여건, 인구구조 변화 및 사회적 현상 등 복합적으로 다양하게 가격형성에 영향을 미친다. 하지만 여러 자산 중 유독 부동산에 민감하며 부동산의 가격이 올랐다가 내렸다가 하는 정도에 따라 소비심리의 명암이 극명하게 바뀌는 경우가 많다.

이는 우리나라의 전체의 가계자산 중 70%가 부동산에 편중된 구조를 가지고 있는 것만 봐도 쉽게 이해가 간다. 나의 부동산 가격이 오르면 괜히 기분이 좋고 소득은 오르진 않았지만 괜히 돈을 조금 더 쓰게 되는 것이 일반인들의 심리이다. 그건 아마도 다른 여타 금융자산에서 가지고 있지 않은 부동산 만의 특징이 있어서일 것이다.

1) 물가의 척도
2) 토지 자원의 희소성
2) 사회적 필수제의 성격으로 부동산 자산만의 특징이 사회적, 경제적으로 크게 작용하기 때문일 것이다.

물가라는 개념으로 부동산을 한번 바라보자. 주택을 짓기 위해서는 토지, 철근, 노동력, 장비등 여러 원자재 및 서비스들이 집합되어 건축되게 된다. 그래서 기본적인 원자재 비용이 올라가면 건물 및 주택의 가격이 오른다고 생각하고 또한 일정 부분은 사실이다.

현대 사회에서 개인이 눈으로 직접보고 만질 수 있는 실물자산들은 그리 많지 않다.

부동산 다음으로 가장 많은 투자를 하는 것 중 하나가 주식이다. 하지만 기업의 실물을 내가 직접 일하고 느끼면서 투자하지는 않는다. 실적이 잘 나타난 제무재표나 기업공시 등을 통하여 앞으로의 기업가치를 타진하면서 투자하는 것뿐이다.

하지만 부동산은 실물이다. 경기 상승 시에는 전세를 끼고 부채를 안고 실질적인 투자금은 줄이며 매매를 통하여 Capital gain(자본이득)이 가능하며 경기가 좋지 않으면 내가 직접 거주하고 살면서 주거의 비용과 자본손실(Capital loss)를 맞바꾸면 된다. 이렇듯 부동산은 많은 원자재와 서비스의 집합으로 이루어져 있으며 실제로 주거의 효율성을 맞볼 수 있는 실물자산의 역할도 해주고 있는 것이다.

부동산은 인류역사와 함께 시작한 우리에게 없어서는 안될 의, 식, 주 중의 하나로 필수재의 성격을 가지고 있으며 보완재나 대체제의 대안도 많지는 않다는 것에서 보건,복지와 맥락을 같이한다. 이러한 성격 때문에 정부에서도 주택정책을 민감한 사항으로 생각하고 있으며 매번 큰 선거를 치를 때마다 주택정책들이 어김 없이 도마위에 올라가곤 한다.

없어서는 안될 소중하고 필수적인 요소를 갖추었음에도 불구하고 보건, 복지처럼 모든 사람에게 의료보험의 혜택이 돌아갈 수 있게 해줄 수 있는 정책을 펼치기에도 무리가 있는 것과 비슷하다. 이유는 토지 자원의 희소성 때문이다.

결국 필수재임에도 불구하고 식료품처럼 소비하는 것이 아니라 변함없는 자산의 가치를 가지고 있는 것이 부동산의 매력이다. 토지 자원의 희소성이 사유재산의 개념과 만나면서 투기의 성격을 가지게 되었고 이로 인해 시장의 외부반응에 민감하게 반응하는 것이 아닌가 추측해 본다.

즉, 부동산은 모두에게 필요로 하지만 토지자원의 희소성으로 인하여 모두에게 복지차원에서 공급할 수 없으며 희소성과 자산의 개념이 만남으로써 물가를 반영하는 집합체 역할을 하는 것이다.

주택문제는 공급과 수요로만 봐서는 안 된다.

현재의 주택시장은 주택 보급률로만 보면 이미 2002년에 보급률 100%를 넘어섰다. 즉 보급률로만 따지면 2002년도부터 가격은 하락했어야만 하지만 가격에는 아무런 영향을 미치지 못한 것으로 보면 보급률 자체로서는 의미가 그리 크지 않다고 할 수 있겠다.

서울 수도권을 포함하여 몇몇 지역을 제외하고는 현재 대부분이 주택 보급률 100%을 훌쩍 뛰어 넘은 수치이다.

이 수치를 처음보고 가졌던 질문은 실제 주택 소유현황은 어떻게 될까하는 것이다.

다시 말해 자가와 임차현황은 어떻게 될까인데 통계청 〈인구주택 총 조사〉에 따르면 자가점유 현황은 서울은 41%, 수도권은 46% 정도이다. 그 외 5대 광역시는 50% 조금 넘는 수준이다.

결국 자가를 소유한 사람들이 나머지 60%의 주택을 평균 1채 이상, 소유하고 있다는 결과가 된다. 여기에 자가 주택보유자 중 1가구 1주택을 빼고 나면 일부 20%의 자가 주택자들은 3주택 이상 보유하고 있다는 결론을 얻을 수 있다. 여기까지는 문제가 없다.

하지만 주택 보급률에는 미분양 주택이 포함 되어 있다는 데서 문제가 생긴다. 수도권을 예로 들어 신규 주택보급률이 99% 이지만 수도권의 미분양 물량은 전국에서 가장 많은 22,370가구이다. 즉 주택보급률이 100%가 넘더라도 미분양 주택까지 다 포함된 지표이고 100% 미만이라도 미분양까지 산정한다면 소요 공급의 측면에서는 수요보다 공급이 훨씬 줄어들어 가격이 상승하여야 한다. 미분양의 이유가 경기 하락이 아닌 수요자가 원치 않는 곳이라는 가정에서는 그렇다.

그러나 현재는 계속해서 매매가격이 하락하는 모습을 보여주고 있다. 주택보급률 지표를 통하여 가격상승과 하락의 절대적인 지표로 삼을 수 없으며 주택보급률이 현격히 떨어지더라도 어디에 어떻게 짓느냐에 따라 미분양이 늘기도 하고 줄어들기도 하는 것이다.

결국 주택보급률은 지역간의 인구밀도나 인구구조에 따른 보급상황을 정확하게 나타내지 못하며 오히려 이런 잘못된 주택 보급률의 통계방식이 잘못된 이주 물량 계산을 도출하는 역할을 하면서 부동산 시장의 정보를 더욱 교란시킬 수 있다라고 할 수 있다.

➡

넘쳐나는 돈은 과연 어디로 집중될까?
신용창조에 따른 과잉 유동성의 향방을 살펴보자

글로벌 유동성 확대에 따른 가격상승은 어느 상품에 집중될 것인가

2008년 금융위기 이후 연준(FRB) 및 주요 선진국들은 자국의 경기를 상승시키기 위하여 초 저금리 정책 및 통화정책으로 유동성을 확대해 나갔다. 사실 돈을 마구 찍어냈다 라는 말이 맞을 것이다.

이렇게 낮아진 금리와 시중의 자금을 이용하여 인플레이션을 유도하여 떨어진 주택가격을 올리고 제조업 가동률을 높여서 실업률을 낮추려는 정부의 바램과는 달리 엉뚱하게도 시중의 자금들은 석유, 금, 구리 같은 원자재의 가격을 올려놓는 결과를 초래하였다.

도대체 왜 그런 것일까? 원자재 가격 급등의 배후에는 신흥 경제권의 부상이 큰 역할을 했다. 미국과 유럽의 경기 침체기와는 대조적으로 아시아 신흥시장의 경제성장률은 높은 편이다. 물론 금융위기 이전의 성장세보다는 한풀 꺾였지만 주요 선진국과 비교하면 내수시장을 기반으로 견실한 성장세를 보여주고 있다. 예를 들어 IMF가 10월에 발표한 자료에 따르면 2013년 미국의 경제성장 전망은 2.1%, 유럽연합은 0.2% 인데 반해 중국과 인도의 경제성장 전망치는 8.2%, 6%이다. 주요 선진국에 비하여 완만한 성장세를 예측하고 있는 것이다.

그렇다 해도 성장세만을 두고 글로벌 유동성들이 원자재 쪽으로 움직이기에는 뭔가 석연치 않은 구석이 있다. 100만원의 8%와 10억의 2%는 성장률로만 봐서는 크기도 하고 작기도 하지만 규모 면에서는 다른 느낌이 될수 있기 때문이다.

이미 글로벌 성장 동력의 이동은 주요 지표에도 반영되어 나타나고 있으며. 최근 3~4년간 아시아의 신흥 경제국들의 GDP 성장에 있어 미국보다 중국이 더 큰 기여를 해왔다.

중국과 인도의 소비지출 증가분을 합치면 미국의 증가분보다 세계 GDP에서 더 많은 부분을 차지한다. 이렇듯 아시아 시장의 성장은 투자에 비해 그 증가세가 주요 선진국에 비해 상대적으로 높은 편이다. 이는 투자의 효율성이 증대되고 있음을 보여준다.

앞의 설명에서도 알 수 있듯이 미국과 주요 선진국들은 경기침체의 늪으로 더욱 깊이 빠져든 반면 중국과 인도와 같은 아시아 신흥국 들의 회복은 상대적으로 훨씬 좋았으며 이러한 급격한 성장은 이들 국가를 더욱 거대한 원자재 소비국가로 만들었다.

국제 에너지 기구(IAEA)가 발표한 자료에 따르면 중국의 원유 소비량은 1980년에 하루 190만 배럴에서 2000년 470만 배럴, 2007년 710만 배럴로 증가하였다. 이는 전세계 원유 수요 중 중국이 차지하는 비율을 높여왔는데 1980년 2.9%에서 8.4%까지 늘어났다.

신흥 아시아 국가 중 또 다른 주요국인 인도도 마찬가지이다. 급격한 수요 증가를 경험하였으며 전세계 원유 수요 중에서 인도가 차지하는 비율이 1980년 1.1%에서 2006년 3.1%로 상승했다. 이러한 상승 추세는 계속 유지될 것이며 국제 에너지 기구 예측은 2030년 중국은 13%, 인도는 5.5% 달할 것이라는 전망을 내놓기도 하였다.

이렇듯 신흥 아시아지역의 경제성장이 증가 할수록 천연자원 원자재의 수요 역시 증가하고 있으며 이는 경기침체로 인하여 원자재 수요가 줄어들고 있는 주요 선진국과는 대조적인 모습을 보여주고 있다. 즉, 주요 선진국의 원자재 소비는 줄었지만 아시아 신흥국의 소비 증가로 인하여 글로벌 원자재 수요는 늘어난 것이라 하겠다.

강남지역의 재개발·재건축의 수요가 줄어들어 가격은 떨어지고 있지만 지방의 아파트 시장 강세로 우리나라 전체의 아파트 매매지수는 성장세를 유지하고 있는 상황과 비슷해 보인다.

본론으로 돌아와서 저금리를 통한 자본 조달비용으로 시중에 공급된 유동성들은 기관을 통하여 투자대비 수익성이 높은 원자재에 투자가 되는 것이다.

원자재 가격이 오르는 또 한가지 이유는 미국 달러의 약세도 한몫 하였다. *헬리콥터 밴이란는 별명이 무색하지 않게 미국은 유동성 공급과 함께 달러를 찍어내기 시작하였고 시중에 달러가 많이 유통될 수록 달러의 가치는 떨어지며 이렇게 떨어진 가격을 메우기 위하여 국제시장에서 원자재의 거래가격은 점점 올라가기 시작하였다. 여기에는 미국정부의 달러의 가치 하락을 통하여 자국 상품의 국제시장 경쟁력을 높이려는 의도도 없지 않아 있었을 것이다.

앞으로 5년에서 10년 후엔 예전의 IT버블처럼 어떤 산업이 붐을 일으키며 성장동력이 될지 예측하기 힘들다. 하지만 향후 3년간 실물 경기가 장기 침체, 디플레이션 또는 불확실성이 강해질수록 전세계에 공급된 유동성은 수익성을 보전하기 위하여 견실한 내수 수요가 살아있는 아시아 신흥시장의 수요를 기반으로 원자재에 투자 될 것으로 예상된다.

이러한 거대한 신흥 아시아를 향한 자금의 흐름 속에서 원자재로의 자금 쏠림을 통한 가격 변동성의 영향력은 한국도 피해갈 수 없을 것이다.

---

* **헬리콥터 밴** : 현재 미국 연방준비제도이사회(FRB)의 의장이 된 벤 버냉키(Ben Bernanke)의 별명. 2002년 미국경제가 디플레이션에 빠져들면 "헬리콥터로 공중에서 돈을 뿌려서라도 경기를 부양하겠다."라고 주장을 한 이후로 붙여진 별명.

➡️ 2014에서 2018을 주목하자. 모든 그래프는 이시기를 주목하고 있다.

인플레이션은 왜 발생하며 근거는 무엇인가

언제쯤 인플레이션이 생길까?

통화량과 인플레이션 간의 관계는 장기적으로는 어쩔 수 없이 연관될 수밖에 없음을 우리는 보았다. 결국 자장면과 같은 상품을 기준으로 봤을 때 현재와 과거의 가격 차이는 수요와 공급으로는 이해될 수 없으며, 품질향상이나 원가 상승 같은 일차원적 문제도 아님을 우리는 이제 알고 있다.

현재의 가격을 받치고 있는 것은 물가이며 이 물가는 통화량이 증가할수록 장기적으로 함께 증가한다는 점인데 이것을 우리는 인플레이션이라 부른다. 이러한 통화량 증대는 지급준비율이라는 제도와 지급준비율을 제외한 나머지 유동성이 대출과 예금을 반복하면서 커지는 구조 임도 확인하였다. 신용팽창 시스템이 그것이다.

결론하여 인플레이션 현상은 가정이 아닌 필연적 구조인 것이다. 자본주의 시장 시스템에서는 올 수도 있을 것이라는 가정에서 출발한 것이 아닌, 반드시 올 수밖에 없는 구조를 가지고 있다고 봐야 한다. 단지 문제는 언제 오느냐에 달려있다.

신용팽창 시스템을 갖추게 되면 비록 작은 양의 통화량도 증대 현상을 통해 시장 내에서 100배 또는 그 이상의 영향력을 끼칠 수 있는 잠재력을 갖춘다. 안정적인 통화량 증대와 물가상승은 경기상승의 원동력이 될 수 있지만, 과도한 인플레이션 현상은 부작용을 초래하기도 한다.

그래서 아이러니하게도 인플레이션 현상은 올 수밖에 없는 구조이며, 반드시 와야 경기가 살아 나는 구조이지만, 너무 크게 오면 안되고 적당히 와줘야 부작용이 없는 특이한 구조를 태생적으로 가지고 있다. 경기 부양은 다른 말로 인플레이션 현상에 대한 방조에 가까운 것이다.

하지만 그런 방조 정책이 어쩔 수 없는건 경기수축에 따른 시중의 통화량 감소가 인플레이션보다 더욱 더 고통스럽기 때문일 것이다.

결국, 신용팽창과 수축을 통하여 인플레이션과 디플레이션이라는 경기사이클이 형성되며 이 경기상승과 침체가 존재해야지만 경제활동이 꾸준히 활발히 지속될 수 있는 특이한 구조가 자본주의 구조인지도 모른다.

하지만 이런 당연한 귀결은 장기적으로는 통화량의 증대에 따라 물가가 점진적으로 오른다는 결론에 도달하게 된다. 또 하나의 귀결은 인플레이션의 결과는 화폐 개혁을 유발할 수밖에 없다는 것이다. 그렇지 않다면 올라가는 숫자를 모두 반영하게 되어 화폐의 단위가 커지기 때문이다.

단적인 예로 하이퍼인플레이션을 겪은 짐바브웨이의 경우 국가에서 100조짜리 달러를 발행 한적도 있다. 물가상승으로 인한 화폐단위의 상승인지 화폐단위의 상승에 따른 물가상승인지의 인과관계는 명확하진 않으나 분명한 것은 서로가 영향은 주고받는 다는 것이다. 최근 미 재정부에서 1조달러 백금 화폐의 발생을 놓고 고민을 했던 웃지 못할 해프닝도 좋은 예라고 할 수 있다.

경기사이클의 원인에 관하여 알아봤으니 이제, 현재 우리가 처한 상황은 큰 경기 사이클(Cycle) 내 어디에 위치해있는지 알아보고 또한 어떠한 방향으로 언제쯤 인플레이션이 증가할지 살펴보도록 하자.

현재 우리는 인플레이션과 디플레이션 중 어디에 있나?

일반적으로 경기주기를 이야기할 때 경기 파동(사이클주기)을 이야기한다.

신용팽창과 수축의 주기를 처음으로 언급한 러시아의 학자 콘드라예프(1892-1938)가 발견한 경제주기를 가장 많이 사용하는데 이것이 바로 콘드라예프 파동이다.

그의 연구는 인류역사를 통계적으로 관찰하여 경제에 관련된 어떤 긴 패턴이 발견하는데, 이 패턴의 주기는 50에서 60년으로 길게 나타나며 이 기간 동안 신용수축과 팽창을 이루며 4~5년 주기의 작은 패턴을 보여준다고 보았다.

특히 장기 패턴 안에서 마치 사람의 인생 주기와 같이 봄, 여름, 가을, 겨울로 나누어 인플레이션과 디플레이션 구간을 정해놓았으며 현재 거의 마지막 구간을 지나고 있는 것으로 예상된다. 경기 흐름의 패턴을 판단할때 금리의 흐름으로 판단을 많이 한다.

경기상승 시기에는 중앙은행에서 금리를 올림으로써 물가상승을 억제하고 침체인 디플레이션 기간에는 금리를 내려서 물가상승을 유도하기 때문이다.

그런 연유에서 아래의 그래프 패턴을 본다면 60년을 주기로 하나의 큰 사이클이 존재한다는 것을 볼 수 있다.

1950년에서 1965년 정도가 완만한 인플레이션의 초입이며 1965에

미국 기준금리 변화

서 1980년, 정점을 찍고 서서히 감소하는 추세를 보여주고 있다.

현재 디플레이션의 마지막 구간인 겨울에 해당하는 시점에 와 있으며 예상 종료 시기는 2015에서 2020년경 미국의 베이비부머들의 은퇴가 완료되는 시점과 거의 일치할 것으로 예상하고 있다.

디플레이션은 언제쯤 끝날 것인가?

콘드라티예프 파동과 같이 장기간의 경기패턴을 가정할 수도 있지만 이건 어디까지나 큰 흐름에서 본 것이니 더 작은 사이클로도 파동 분석이 가능하다. 일반적으로 30~40대 나이의 가장이 5~10년 단위로 재테크를 고려한다고 한다면 50~60년은 너무 먼 이정표라고 할 수 있겠다.

이에 단순한 금리의 변화에 따른 추세보다는 더욱 정확한 지표가 필요한데 일반적으로 생각하는 대표적 선행지수의 하나인 주가지수

실질 다우존스 산업 지수 변화

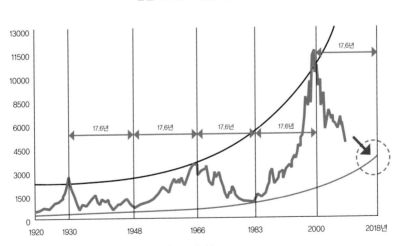

www.CycleAroutlook : DJJA. 1920-2008(일별)물가조정 지수

를 가지고 단기로 나누어 대세 하락과 상승을 예상해 볼 필요가 있다.

재테크의 궁극적인 목적은 주식의 흐름을 읽는다기 보다 자산의 상승가치가 물가지수 보다 높은 상승을 이루어야 한다는데 있다.

주가 패턴에서 실질 물가지수를 반영한 지수를 분석하여야 하는데, 실질적 물가대비 우리의 경기는 얼마나 오른 것인지 봐야 옳다. 물가 상승을 인식하지 못하고 그저 지수만 올라가는 것을 보고 좋아해서는 안 되는 이유도 여기에 있다.

David skarica 저서 Great Super Cycle에서 인용한 사이클프로에 있는 스티븐 윌리엄스의 연구에 따르면 소비자 물가지수 수치로 인해 오랜 기간 인플레이션이 과소평가 받았으며 인플레 (물가지수)를 반영할 경우 다우200지수의 실질가치는 2000년부터 장기 하락의 신호가 왔다 라고 주장하고 있다. 쉽게 말해 물가지수를 반영하여 분석하면 장기 하락 신호가 이미 왔었다는 의미이다.

또한 인플레이션을 반영한 주가지수에는 상승추세와 하락추세를 반영한 결과 평균 17.6년을 단위로 순환을 한다는 점을 강조하고 있다. 이 패턴을 이용하면 2000~2001년 정점을 이루고 점차 감소하기 시작하였으며 2016~2018 이후부터, 저점을 찍고 장기 15년간의 장기 강세 시장으로 돌아설 것이라고 설명하였다. 이는 앞에서 언급한 콘트라예프 주기설과도 기간이 일치하는 모습을 보여주고 있다.

만약 정부에서 발표한 물가지수가 정확하지 않다면 어떻게 될까라는 걱정을 해보지만 이 조사에서는 1990년 변경된 물가지수 산정을 이유로 90년대 말경 갑자기 실질상승이 급상승한 오류도 언급을 하고 있음으로써 어느 정도 통계상의 오류도 고려하였음을 알 수 있다.

국내에서도 이러한 데이터의 산출은 의미가 있으나 현재 물가지수 내에는 서민 경제에 가장 많은 영향을 미치는 지수 중의 하나인 부동산 매매지수가 포함되어 있지 않아 데이터가 부정확할 확률이 높아 보인다.

예를 들어 2006년 경기진작으로 GDP증가는 5%에 육박했으나 소비자 물가지수의 증가율은 고작 2.2%밖에 되지 않았었다. 2006년도는 대한민국 전체가 부동산 투자에 맹목적으로 투자할 때였으며 자고 일어나면 아파트 가격이 올랐다는 이야기가 있을 정도이니 말이다.

만약 여기에 부동산매매의 가격증가 분이 물가지수(CPI)에 포함되었다면 2.2%상승은 충분히 넘었을 것이라고 예상할 수 있다.

그렇다면 물가지수를 제외한 실질 부동산 가격의 전세계적인 지수의 변화와도 일치하는 것일까? 라는 물음이 들기 시작했다. 이는 지속하여 부동산도 자산시장의 한 상품으로써 경기 하락과 상승의 순서가 다를 뿐 일정한 시차를 두고 움직이기 때문이다.

오른쪽 그래프는 IMF가 2012년 8월에 발표한 'Global Housing Cycle' 보고서에 나타난 자료이다. 이 지표는 전세계 55개국 나라를 대상으로 1970년대부터 2010년 까지 주택평균 변화지수에 물가를 반영한 실질 주택가격 지수(Real House Price)이다.

1985년을 전 후 하여 프라자 합의를 기점으로 1990년 까지 전세계 주택가격은 5년간 상승하게 된다. 이는 미국의 금리 변화와 비교해서 보면 부동산 자산의 상승은 1980년부터 1985년까지 급격한 이자율 하락에 기인하고 있음을 알 수 있다. 즉, 1985년 이전의 급격한 경기하락을 이유로 금리를 낮추면서 유동성을 공급한 것이 5년 후 자산가격 상승으로 이어졌다.

2000년대 접어들면서 전세계의 주택가격은 다시 한번 상승을 이끌어낸다. 이 시기는 거의 7년에 가까운 대세 상승을 보여주고 있으며 2007년 말을 기점으로 큰 폭의 가격 조정을 보여주고 있다.

이 또한 미국의 금리 표와 비교해 보면 2000년대부터 시작된 저금리 기조로 인한 유동성 공급과 증권화를 통한 선진국들의 신용공급으로 사상유래 없는 상승이 이루어진것으로 보여진다.

종합해보면 경기 침체로 인한 저금리 기조가 유동성을 공급하였

국제 주택 가격 지수

〈IMF〉

으며 이는 자산가격 상승으로 연결이 된다. 또한 금리의 하락폭과 유동성의 크기에 따라서 상승기간이 길어지고 조정의 기간도 점차 길어지는 패턴을 보여주고 있다. 앞의 데이터를 기반으로 보면 정점을 기준으로 조정기간은 최소 9년~12년 정도가 예상된다. 이는 2016년~2019년 사이부터 서서히 상승의 기류가 생길 것으로 조심스럽게 예측해 본다.

일반적으로 주식은 3~5년을 주기로 상승과 하락을 반복하는 경향이 있지만 부동산 사이클은 이보다 조금 더 긴 10년 사이클을 반복하여 나타나는 경향이 있다. 우리나라의 지가 변화율을 보면 보다 더 정확히 알 수 있는데, 새마을 운동이 한참 진행 중이던 1978년 기록적인 폭등을 시작으로 그 이후 10년 후인 1988년 직후 또 한번의 폭등, 그리고 1998년 IMF로 인한 조정, 2008년 서브프라임 사

-지가 변동률-

구 분	'75	'76	'77	'78	'79	'80	'81	'82
전 국	26.99	26.60	33.55		16.63	11.68	7.51	5.40
대도시	21.87	21.04	46.67	79.08	21.96	17.02	7.11	5.60
시지역	25.84	28.62	34.65	58.78	14.49	14.37	8.63	7.90
군지역	25.92	24.43	25.72	29.69	12.46	8.19	7.12	5.00
서 울	31.63	16.06	31.70	135.70	6.40	13.42	3.56	8.70
구 분	'83	'84	'85	'86	'87	'88	'89	'90
전 국	18.50	13.20	7.00	7.30				
대도시	31.70	21.60	7.80	6.40	13.91	29.47	31.95	26.97
시지역	18.30	11.30	6.50	7.80	15.79	22.54	38.29	18.60
군지역	13.40	10.90	6.90	7.40	12.01	24.59	22.52	12.20
서 울	57.70	23.30	8.10	3.70	6.29	26.06	33.54	31.18
구 분	'91	'92	'93	'94	'95	'96	'97	'98
전 국	12.78	-1.27	-7.38	-0.57	0.55	0.95	0.31	-13.60
대도시	13.46	-2.59	-8.05	-0.83	0.34	0.84	0.02	-15.33
시지역	13.69	0.18	-6.58	-0.35	0.67	1.12	0.68	-12.15
군지역	10.19	0.46	-6.62	-0.18	1.08	0.98	0.81	-8.85
서 울	11.15	-2.78	-8.72	-1.36	0.18	0.94	0.29	-16.25
구 분	'99	'00	'01	'02	'03	'04	'05	'06
전 국		0.67	1.32					
대도시	2.26	-0.09	1.36	10.79	3.71	3.13	5.359	7.095
시지역	3.50	1.49	1.53	7.84	3.53	4.85	4.677	4.030
군지역	4.59	1.73	0.49	3.20	1.43	3.94	4.173	3.926
서 울	2.66	0.05	1.89	15.81	5.23	4.09	6.564	9.171

태로 인한 조정을 겪는다.

물론, 국내 여건과 외부 여건이 각각 다르게 작용하기는 하였지만, 10년 주기설이 우리나라의 부동산 사이클과 어느 정도 맞아 떨어진 모양새다.

10년단위로 변동이 있는 이유중 하나가, 부동산 취득 시 발생하는 많은 비용과 은행대출을 일부 받아 움직여야 하기 때문에 자산 매매의 시간과 환급성이 주식과 다른 금융자산 보다 떨어지기 때문인 것으로 보인다.

대출을 받았다 하더라도 일부 대출금을 상환하는데도 상당한 시일이 걸리기 때문일 것이다. 도시 1가구 평균소득이 4천 6백만 원, 그 중 반만 소비하고 모아서 매년 이자 제외하고 2천5백만 원을 갚아 나가도 6년 정도가 걸리기 때문이다. 대출을 100% 다 갚고 움직이기에는 한계가 있다는 생각을 하겠지만 이자 제외 원금을 꾸준히 갚아나가는 것도 싶지 않다는 생각에 6년 또는 그 이상은 충분히

국민은행 주택매매지수

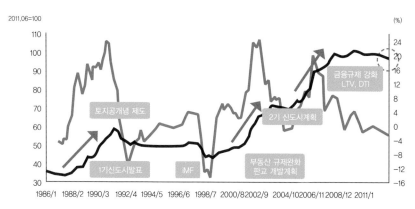

지나야 사이클에 반영되는 것 같다.

주택 매매를 결정할 때, 가장 크게 작용하는 고려 대상 중 하나가 자녀의 학군문제이다. 출생에서 초등학교 입학까지 8년, 초등학교 졸업까지 6년 초. 중. 고 졸업까지 6년 이라는 시간과도 묘하게 맞아 떨어지는 것이 재미있다.

닭이 먼저냐 달걀이 먼저냐 라고 말할 순 없는 것처럼 대출 때문이냐, 자녀교육문제 때문이냐 또는 정책 때문이냐는 정확히 알 수는 없지만 과거의 부동산 data들은 약 7~10년을 주기로 패턴을 형성해왔던 것이 사실이다.

이런 이유들로 적어도 우리나라는 주글라 파동인 10년 주기설이 잘 맞아떨어졌다. 다가오는 2018년이 궁금해지는 이유이기도 한데, 아마도 그 징후가 국내에선 조금 일찍 2014년부터 서서히 나타나지 않을까 추측해 본다.

현재 우리는 10년 주기 내에서 대세 상승과 하락 어디에 있는지 알아봐야 한다. 지가 변동으로 본다면 1978년 급등, 1988년 급등,

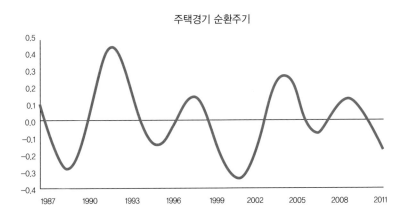

주택경기 순환주기

1998년 급락, 2008년 조정을 겪었으니 이번에 돌아오는 타이밍은 급등이 아닐까 추측해 본다. 그 이유는 늘어난 신용팽창에 의한 유동성 공급이 2000년 이전보다 훨씬 증가하였으며 이에 따른 인플레이션과 상승 사이클이 매우 클 것으로 예상되기 때문이다.

그래프를 보면 1986년 이후로 현재까지 3번의 가격 상승과 3번의 가격 하락시기를 맞이하고 있다. 건국대학교 고성수 교수 〈국내 부동산가격변동이 은행권에 미치는 영향분석〉에서 주장하는 내용을 자세히 들여다 보면, 현재는 2008년을 정점으로 4번째 순환 국면의 수축기가 진행 중에 있다라고 설명하고 있다.

금융위기인 2008년 이후부터는 이전의 상승과 하락의 폭이 작게 나타나는 것이 특징이다. 그만큼 경제 주체들의 사이클 대응이 빨라졌기 때문일 것이다.

전반적으로는 수축국면을 지나고 있다고 본다. 물론 2009년 잠시 가격이 하락했다가 2010년 다시 정점을 찍은 후 현재까지 수축국면을 지나고 있다라고 보는 것이 보다 더 정확할 것이지만 큰 추세에는 현재까지 하락세를 보여주고 있으며 길어질 전망이다.

또한 이 논문에서는 하나의 큰 사이클이 5.5~6.5년으로 (23분기 ~26분기) 나타나는 패턴을 유지하고 있으며 최근 그 패턴이 조금 짧아지는 경향을 보여주고 있다. 2009년도를 저점으로 가정한다면 또 다른 저점의 형성은 2014 하반기에서 2015년 하반기 사이에 형성이 되지 않을까 조심스럽게 예상해 본다. 가장 저점인 시기의 예측은 반대로 그 이후의 상승을 예측한다는 의미와도 같다.

물론 앞장 여러군데에서 본바와 같이, 부동산 가격의 방향성을 결정하는 변수들은 많다. 인구구조, 정책변화, 소득불균등, 무역수지, 실업률에 따른 가처분 소득 및 대외변수 등 많은 부문들이 있다.

이번 장의 목표는 사이클을 통한 분석이다. 과거 경기의 사이클과 그 규칙성 내에서 큰 흐름 정도는 알아보자는 것이 이번 장의 취지이다. 자연현상 중 가장 예측하기 힘든 것이 허리케인과 지진이라고 한다. 하지만 과거의 자료를 바탕으로 위험지역과 발생가능 지역들을 좁혀서 참고를 하는 것은 나쁘지 않다는 생각이다.

경기후행➡동행 지수➡ 선행지수인 심리지수로

앞의 데이타들을 통해 대략 2015에서 2018년 사이 어떤 싸이클 주기가 올 수는 있겠구나 라는 생각을 하게 되었을 것이다.

하지만 과거의 데이타가 그러했다고 앞으로도 정확히 그렇게 될 가능성이 있다고 확언하긴 힘들다. 자동차를 운전하면서 백 미러만을 보면서 운전하는 것과 같은 오류이다. 과거는 참조대상이지 미래의 결정 요인은 아님을 꼭 기억해 두어야 한다.

유럽위기가 내 아파트를 사고 파는데 무슨 영향을 줄 수 있을까라고 생각할 수도 있지만 대외 변수의 가장 무서운 점은 미래의 기대심리(Expectation)에 영향을 주는 주요변수가 될 수 있기 때문일 것이다.

한 두 사람만이 유럽위기로 소비를 아껴야겠다고 생각하면 큰 문제가 되진 않겠지만 언론을 통해서 부정적인 요소들이 다수에게 영향을 주고 모두의 생각이 한쪽 방향으로 확산될 경우 '자기실현적 예언'(Self-fulfilling prophecy) 현상으로 나타날 수 있게 된다.

이는 경제 주최들이 예상하는 방향으로 경제활동의 결과가 실현되는 것처럼 보이게 되는데 이 또한 대중 심리에 지나지 않으니 문제가 많다 하겠다.

그래서 지구의 괘도는 계산할 수 있어도 사람들의 심리현상은 파악하기 힘들다는 말이 나오게 된 것이 아닌가 싶다. 특히나 부동산 시장에 심리적인 요소들이 적용되었을 때 현실과는 조금 다르게 극단적인 양상을 이루는 경향이 있다.

1997년 IMF 이후로 2008년도 초반까지 우리나라 부동산매매 지수는 경기 동행지수와 움직임을 함께하는 경향을 보였으나 최근 금융위기 이후로 잠시 조정을 거치면서 2010년 1/4분기부터 경기동행지수와는 다른 경재심리지수와 방향을 함께 하는 것으로 보여지고 있다는 점이 이를 잘 나타내고 있다.

즉, 다른 자산들과 같이 경기 상승기 에는 경기동행 지수와 선행

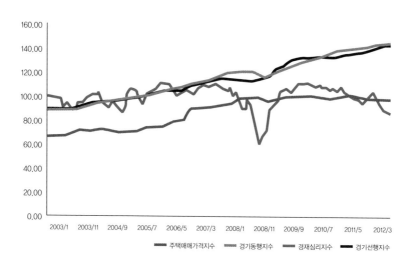

지수와 어느 정도 일치를 보이다가 금융위기와 같이 경기하락과 함께 급격한 경기 침체기에는 소비심리지수 같은 선행지수들과 함께 움직이는 패턴을 보여준다. 현재 부동산경기는 경기동행 지수로 보기에는 다른 자산들에 비하여 과도하게 침체되어 있으며 소비심리 위축에 따른 원인이 가장 크다라고 할 수 있겠다.

➡️ 현금 보유를 늘려야 하고 실물자산을 키워야 하나?

근검 절약·현금 보유, 아니면 실물 투자?

재테크에서 수익률의 가장 대표적인 척도는 금리와 인플레이션이다. 일반적으로 재테크라고 하면 은행에 맡겨놓은 예금 이자보다 높기를 원하지만 이자율이 상승한다고 하더라도 물가 상승률이 이보다 높으면 실질적인 투자이익은 없게 된다.

나의 투자가 물가 상승률보다는 높고 최소한 은행 예금이자보다는 높았으면 하는 것이 현재 투자자들의 모든 바램일 것이다.

이러한 투자자들의 성향은 경기 침체기와 호황기에 명확하게 드러난다. 흔히들 경기가 호황기에 들어서면 주식시장이 서서히 올라가고 물가가 서서히 상승하면서 부동산 가격도 오르게 된다.

그러면 천천히 금리가 움직이기 시작한다. 현명한 투자자들은 이러한 순서를 놓치지 않고 상승 기에는 주식 〉 실물자산 〉 채권 〉 예/적금 식으로 위험자산 순서로 투자를 하게 된다.

경기침체기에 사람들은 반대로 주식이나 실물 자산보다는 채권이나 예/적금 쪽으로 투자하여 현금 위주, 환금성이 높은 자산을 선호하게 된다.

이러한 구조는 앞으로 경기가 확실히 좋아지는 것이 예상되어 뚜렷한 금리인상이 예측되거나 또는 반대로 경기침체가 확연히 악화되어 기존의 자산 가격의 거품이 빠지면서 자산의 수요가 확실히 줄어들 것이라고 예상될 때의 이야기이다.

하지만 현재 시장은 어떠한가 글로벌 경기 장기 침체의 영향으로 경기가 안 좋은 상황임에는 맞지만, 전세계 중앙은행은 저금리 정책과 재정정책으로 유동성은 증가한 상태이다. 게다가 투자에 절대 지표 중 하나인 금리는 내려가 있고, 물가는 오르고 있다.

언제 경기가 진작 될 것인지에 관하여 아직 아무런 확신이 없다. 하지만 기관투자가들은 현재의 저금리 상황에서 장/단기 금리의 역마진을 노려 오히려 위험자산에 투자하는 비중을 점차 늘려가고 있는 실정이다.

사정이 이렇다 보니 전 세계적인 경기침체기에 실물 자산의 수요가 실질적으로 상승하지도 않았지만 시중의 유동성이 실물자산인 금과 석유와 같은 실물자산과 원자재에 공격적으로 투자되는 성향을 보여주고 있다. 물가가 오르는 것이다.

앞의 설명을 듣고 있자니 원자재의 가격상승의 논리가 일반적인 수요 공급의 법칙 보다는 유동성의 이유로 설명되고 있다고 것을 잘 알 것이다. 경기가 좋을 때는 중국과 인도등의 신흥 아시아 국가들의 수요 증가가 높아서 원자재 값 등이 높아졌다고 하지만 현재와 같이 전세계적인 침체기에 있을 때는 수요 자체의 증가도 미미한데 그래도 오르고 있으니 말이다.

금 및 원자재의 가격이 상승하는 것을 수요 공급으로만 설명하기가 힘든 이유도 유동성에 기인하기 때문이다. 현재상황을 보면 유럽, 미국, 일본이 거의 제로 금리에 가까운 실정이지만 재정정책으로 인하여 유동성은 지속적으로 공급되고 있다. 이러한 시중의 유동성들은 경기침체기에는 주로 안전자산인 채권에 투자하는 경향이 있지만 지금처럼 금리가 낮아져 더 이상 떨어질 기미가 없는 상황에서는 물가반영 대비 실질이자율이 마이너스가 나는 것이다.

예를 들어 물가 상승률이 3%이고 채권 수익률이 5%이면 실질적인 채권투자의 이익률은 2% (5%-3%=2%) 이다. 하지만 현재와 같이 채권의 수익률이 2%이고 전세계 유동성들이 바탕으로 원자재에 투자되어 물가 상승률이 3%라고 하면 (2%-3%=-1%) 물가반영 실질 이익률은 -1%의 역 마진이 나는 것이다.

즉, 예전 같은 일반적인 경기 침체기에는 채권에 투자될 유동성 자금들이 현재로서는 실질적인 수요증가의 확연한 개선이 예상되지 않는 금과 원자재에 투자되어 가격 상승을 이끌고 있는 것이다.

미국의 연준이 기준금리를 2015년까지 0% 로 유지한다고 발표하면서 실질적으로 물가대비 마이너스 수익을 안겨 주었다. 채권 또한 물가대비 역 마진으로 인하여 투자 메리트가 현격하게 낮아져 있는 상황이다.

그렇다면 이 글을 읽고 있는 독자들은 어떤 선택을 할까? 물가대비 마이너스 수익률이 발생하는 채권과 예/적금에 모든 자산을 투자하는 것이 좋을까? 아니면 일정 부문 물가의 상승부문에서 마이너스 수익률을 헤징이 가능한 실물자산에 일정 부문 함께 투자하는 것이 좋을까?

물론 어려울 땐 현금이 최고고 환급성이 최고라는 사람도 있을 수 있다. 하지만 실질적으로 현금만을 보통예금에 넣어 놓는다고 가정하였을 때 물가상승 분을 반영하면 손해면 손해지 이익은 아닐 것이다.

앞의 채권의 경우와 마찬가지고 물가상승률 3.8%에 예금금리 3% 이면 실질적으로 -1% (예금금리 3% - 물가승상률 3.5%=-0.5%)손해가 나는 것과 같은 것이다.

전세계 경기침체로 주식의 수익률도 불확실하고 최저 금리로 인하여 금리 인하에 따른 채권의 수익률 상승은 기대하기 힘든 상황이다. 그렇다고 경기침체시 불확실한 미래를 대비하기 위하여 현금확보를 주장하는 사람들처럼 예금을 통한 현금을 보유하고 있기도 마이너스 수익률이 예상된다.

이렇게 경기불황 중에 찾아오는 불확실성의 시대에는 사람들의 욕심은 소박하기 그지없다. 그저 물가만큼이라도 보유자산들이 올라주길 바랄 뿐인 것이다.

이럴 때 투자자들은 전통적으로 전세계적인 경기 침체 속에서 화폐가치의 하락을 헤징하고 물가 상승률과 연동되는 부동산 및 금과 같은 실물이나 원자재처럼 물가를 이길 수 있는 자산에 투자를 늘려 가는 성향을 가지게 된다. 이는 최근들어 금과 원자재 같은 실물자산의 꾸준한 가격상승으로 나타나고 있다.

➡️

유동성이 커질수록 금값 역시 오를 것이다.

전문가들의 물가 헤징을 위한 금 및 원자재 예측 자료를 살펴보자

다시 질문하여, 물가상승률 대비 마이너스 수익이 나는 채권에 투자를 할 것인가? 채권 수익률보다 기대이익이 조금이나마 높은 금에 투자를 하겠는가?

이러한 고민을 기관 투자가들도 분명히 했을 것이고 그러한 고민을 하기 시작하고 그들은 분명 투자대안을 찾았을 것이다.

물가를 대표적으로 헤징하는 대표적인 자산으로 금이라는 대안을 찾아낸 것이라 하겠다. 또한 초 저금리라는 통화정책 덕분에 물가대비 실질 이자율 마이너스 결과를 초래하여 기존의 채권을 선호하던 안전자산에 투자되던 유동성까지 금이라는 실물자산으로 방향을 전환하여 투자의 규모를 키운 것 또한 사실이다.

하지만 또 하나의 물음이 생긴다. 석유와 같은 원자재들은 우리생활에는 없어서는 안 되는 아주 기본적인 생활을 위해 필요한 것들이지만, 금은 그렇지 않은 것이니 이 또한 거품이지 않을까 하는 것이다.

생필품은 최소한의 양이 필요한 실정이고, 최소한의 수요가 있기 마련이다. 하지만 도대체 이 금은 왜 이렇게 가격이 오르는 것일까? 과연 일반인 중에 생활하면서 금을 필요로 하는 사람이 몇이나 될까?

최소한의 생활을 위하여 필요한 부분도 아니며 그렇다고 몇몇 산업들을 제외하고 석유만큼 산업에서 필수적으로 쓰이는 광물도 아닌데 무엇 때문에 사람들은 물가를 헤징하는 수단으로 금을 선택할까? 여기에는 다음과 같은 이유가 있다.

1) 물가의 헤징
2) 달러가치 하락
3) 중앙은행들의 수요 증가

안전자산이란 무엇인가?

안전 자산이란 리스크가 거의 제로에 가까우면서 이자율은 낮지만 리스크 대비 수익률이 일정부문 발생하는 자산을 이야기한다. 하지만 앞에서 설명했던 것과 같이 0%금리에서 채권의 실질 이익률은 기대하기 힘든 상황이다. 그러면 미국에서 유동성 확대 정책을 지속적으로 유지하고 있는 현재 상황에서 쉽게 예측 할 수 있는 것은 달러화의 가치 하락이다.

일반적으로 금값은 달러화의 가치와는 반대로 움직이는 성향이 강하다. 이는 국제시장에서 거래되는 금이 달러로 거래되며 달러의 가치가 하락할수록 거래되는 금의 가격은 상승하는 것이기 때문이다. 예를 들어 금 1돈을 100달러에 시장에서 팔았다고 하자. 판매를 한 사람은 현금 100달러를 환율 1100원을 기준으로 11만원으로 교환했을 것이다.

하지만 6개월 후 달러의 가치가 하락하고 원화의 가치가 상대적으로 올라서 환율 1000원 이였을 때를 가정하면 금 1돈을 국제시장에 팔아서 100달러를 받더라도 환전을 하면 10만원 이다. 달러화의 가치하락을 보전 받기 위해서는 더욱 비싼 가격에 물건을 내놓게 되며 자연스럽게 금 가격도 오르게 되는 것이다.

유동성의 공급이 많아 질수록 달러화의 가치는 떨어지고 반대로 금의 가격은 더욱 올라가는 이유로 금에 투자를 하는 것이다. 이러한 현상은 미국의 추가 양적완화와 같은 유동성 공급을 통하여 달러화의 가치는 앞으로도 지속적으로 하락할 가능성이 높다.

유동성과 맥락을 같이하는 말이지만 이렇게 달러화의 가치가 하락할수록 미국의 기축통화의 지위는 약해져 가게 된다. 미국으로서는 달러를 헬기로 뿌리는 정책이 그리 합당한 정책만은 아닐 것이다.

각국의 중앙은행들은 달러와 미국채권의 보유보다 금의 보유 비중을 점차 넓혀가고 있다. 수요 공급의 법칙이라고 하지만 민간에서 귀금속 액세서리들이 아무리 많이 늘어나봐야 중앙은행에서 매입하는 몇 백 톤의 금보다는 훨씬 미미한 수준이기 때문이다. 특히 이러한 현상은 신흥 아시아 국가에서 더욱 안전자산 확보의 경향으로 나타나며, 2009년 11월 인도 중앙은행은 국제 통화기금으로부터 200톤의 금을 매수하기도 했다.

최근 한국은행도 2012년 11월 14톤, 추가 매입 의사를 밝혔으며 2012 8월, 24톤의 매입 후 올해 들어서만 두 번째 매입으로 총 38톤의 금을 매입한 것이다. 이렇듯 각 국의 중앙은행들의 달러화 약세를 지켜보지 못하고 안전자산의 대용과 리스크 분산차원에서 외환보유고에서 금이 차지하는 비중을 점차 높이고 있는 실정이다.

그렇다면 이러한 실물자산 금의 가격은 앞으로 언제까지 얼마나 오를 것인가?

정확한 답변이 가능하지는 않겠지만 판단의 기준이 되는 잣대로 예측을 하는 것은 가능하리라 본다. 대표적인 잣대로는 유동성이 언제까지 지속될 것이냐 하는 문제이다.

미국은 경기침체를 이유로 시중의 유동성을 공급하고 있으며 시중에 달러의 공급이 많아질수록 금, 원자재 쪽의 인플레이션을 부추기게 된다. 만약 인플레이션이 심하게 발생하여 금리가 일정 부문 오른다고 하여도 금리가 오를수록 채권의 가격은 하락함으로써 채권투자를 망설이게 하게 될 것이다. 그렇다고 예금에 투자하기에는 금 또는 원자재 대비 수익률이 너무 작아 한동안은 금, 원자재 가격이 올라갈 가능성이 높다.

최근 금가격의 상승 정도를 미국 국가의 부채와 상승 속도에서 찾는 주장들이 많아지고 있다. 즉, 정부의 부채가 많아졌다는 것은 정부의 부채 계정 안에 가계부채, 공공/정부기관, 기업부채 등이 녹아져 있었을 것이며 이러한 경제주체들이 전체적으로 대출이 증가하다는 이유는 그만큼 유동성이 공급되었다는 이야기이다.

유동성이 공급될수록 달러화의 가치는 하락하는 것이기 때문이다. 아래의 그림을 보면 미국의 국가부채 상승률이 금 가격 상승률과 같은 패턴으로 상승하는 모습을 보여주고 있음을 알 수 있다.

2001년부터 지금까지 유동성 즉, 국가의 부채가 증가할수록 금값의 가격은 같은 방향성으로 움직이고 있음을 볼 수 있다. 그 규모 면에서는 2001년 9월 6조 달러에서 금값은 온스당 270, 부채가 2012년 9월말 16.1조 금값은 온스당 1,700달러로 530% 상승하였다.

2008년부터 부채와 금 가격이 급격하게 상승하는 패턴을 보여주고 있다. 이는 2008년부터 시작된 1~2차 양적완화로 인하여 엄청난

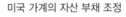

미국 가계의 자산 부채 조정

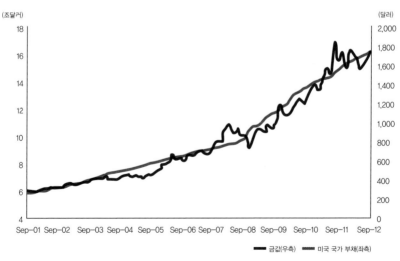

양의 달러가 풀렸으며 2012년 9월부터 3차 양적완화로 매월 400만 달러씩 공급하며 무기한으로 부실채권을 매입하는 것을 선언한 것을 보면 아직도 유동성은 더욱더 공급될 것이라고 쉽게 예상 할 수 있다.

2011년 4/4분기부터 현재 2012년 3/4분기까지 부채 증가는 1.3조 달러 정도이며 앞으로 매년 평균 1.3조씩 증가한다면 2016년에는 최대 금값은 온스당 4000달러까지 도달할 수 있다라는 전문가들의 주장도 나오고 있다.

물론 이러한 전망들은 그저 전망을 뿐이다. 현재는 불확실성의 시대이다. 그저 명확한 것이 있다면 금과 실물자산의 가격이 언제 얼마나 오르느냐는 것이 아니라 우리가 이 책을 읽고 있는 동안에도 시장에서는 여전히 끊임없이 유동성이 공급되고 있다라는 것이다.

유동성의 공급이 커질수록 현재의 안전자산에서 실질 수익률의 실망감을 안게 되고 그로인해 오히려 공격자산에 투자하는 비중을 기관들은 조금씩 높이게 된다. 현재 금 또는 석유와 같은 실물자산과 원자재 쪽으로 글로벌 자금들이 투자되면서 실물경기의 실질적 개선이 이루어지지 않고 있지만 유동성의 이유로 금의 가격상승이 지속되는 현상이 벌어지고 있다.

→ 실물자산 중 가장 큰 비중을 차지하는
부동산은 위치에 따라 가치가 크게 달라질 것이다.

부동산은 입지에 따라 크게 달라질 것이다.

2009년 4월 23일 그 당시 국토해양부 자료에서는 1~2인 가구의 증가로 도심 내 소형주택을 공급해야만 하는 당위성을 보여주고 있다.

결국, 도시내부의 주택 수요가 문제라는 결론이 된다.　도시외곽이나 농어촌 지역이 아닌 도시 내부의 1~2인 가구 증가 이유를 여러 가지로 추측해 볼 수 있으나 노령인구와 생산 인구의 분가로도 파악할 수 있다.　결국 생산인구는 도시로 몰려들게 되어 있음에 분명한데 이들이 거주할 만한 주택의 수가 턱없이 부족하다.

하지만 도시내엔 이제 더 이상 집을 지을만한 유효택지가 없다. 그래서 최근엔 철도 위에 아파트를 짓는 구상까지 나오는 지경이다. 철도 위는 국가가 땅을 이미 소유하고 있으므로 보상에 따른 어려움이 없기 때문인데, 장기적으로 보면 좋은 대책으로 보이지는 않는다.

그래서 국토해양부는 민간에서 소형주택을 많이 짓도록 허락하는 도시형 생활주택을 제도화하게 된다. 도시형 생활주택이란 다른 곳이 아닌 도시 내부에 주차장도 무시하고 작게 많이 짓게 하는 제도이다. 도시에서 멀리 지으면 교통의 문제까지 건드리게 되고 주차장을 고려하면 많이 지을 수 없기 때문인데 이는 종국적으로 도시 내부의 인구 집중으로 인한 여러 다른 문제를 야기할 가능성이 높다. 하지만 지금 당장 수요가 맞지 않으니 허용할 수밖에 없는 입장이다. 차후 문제가 될 소지가 많다. 하지만 폭등하는 소형주택의 전세가를 잡기 위해선 어쩔 수 없다.

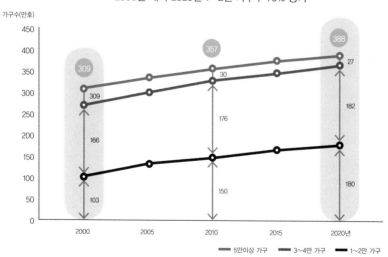

2000년 대비 2020년 1~2인 가구수 75% 증가

이는 다시 입지가 중요해지는 이유가 된다. 입지가 좋은 곳은 결국 주차장까지 무시해 가며 건축을 허용하게 되는데 바꿔 말해 입지가 좋아서 혜택을 보게 된 토지 소유자에겐 이익으로 돌아가는 결과가 된다.

입지가 좋은 곳은 약간의 부작용을 감안하더라도 용적률을 높여

서울시 / 서대문구 다세대 연립 전세가격 변동 추이

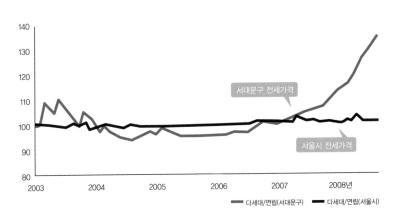

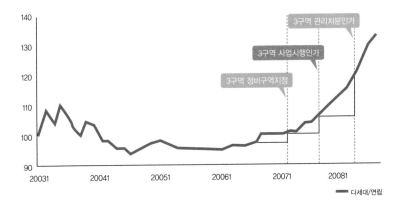

주어가며 개발을 부추길 수 밖에 없게 된다는 의미이다. 재개발·재건축의 이야기에서도 이러한 현상은 목격된다. 뉴타운 해제와 같은 이야기도 결국 입지의 문제로 봐야 한다.

1970년대, 1980년대에 주로 사용하였던 주택 공급 정책인 신도시 개발을 포기하고 재개발·재건축을 통한 공급을 늘려야 하는 이유도 그들이 도시 내부에 있기 때문이다.

2009년 1월 15일 서울시 주거환경개선정책 자문 위원회가 발표한 자료에 따르면 재개발·재건축 등의 사업으로 인해 주변 전세가격이 급등한 사례를 왼쪽 도표를 통해 보여 주고 있다.

재개발 재건축이 전세가를 올리는 주범이라는 이야기도 되지만 바꿔 말하면 전세가 상승을 어느 정도 묵인하면서도 재개발·재건축을 해야 하는 당위성이 되기도 한다. 결국 개발되는 그 인근을 주민들이 벗어나려 하지 않았다는 결론이기 때문이다. 개발로 인하여 주변 전세가격이 올라도 주민들은 어쩔 수 없이 그 인근을 선택할 수밖에 없는 것이 현실이다. 서울 외곽의 신도시들은 여전히 전세가가 떨어지고 미분양이 되어도 좀처럼 가지 않으려 한다.

도시 내부가 계속하여 가치 상승하는 이유이다. 모든 인프라가 갖추어진 도시 내부를 떠나 단지 아파트만 들어선 외곽 신도시로 향할 수는 없다.

도시 내부의 문제를 다룸에 또 하나 검토할 것이 분양가 상한제이다. 공공택지를 제외한 *공공외택지에서의 분양가상한제 폐지는 사실 MB의 공약 사항이었다. MB 정부가 출범하기 전, 선거 시절에 공약으로 발표된 사항이 이제야 실현의 기회를 보고 있는 것이다. 참으로 긴 시간이 걸렸다.

'공공외의 택지'라는 부분은 결국 도시 내부의 이야기가 되고 만다. 공공택지는 국가가 수용하여 만든 택지인데 이 부분에 대한 분양가 상한제 폐지 얘기는 아직 없다. 도시 내부는 수용을 통해 택지를 만들 가능성이 매우 낮기 때문에 분양가 상한제가 사라져 혜택을 보는 곳도 도시내부가 될 가능성이 높다.

분양가 상한제는 사실 이론적으로 파헤쳐보면 재개발·재건축 등의 구도심 개발과는 약간 무관한 도식 구조를 가지고 있다. 일반분양가가 조합원 분양가에 영향을 미치는 것에 대하여는 잘 알려져 있다. 일반분양가가 높아질수록 조합원의 수익이 많아져 조합원의 분양가를 낮추는 이유이다. **비례율의 구조 이해나 사업방식의 복잡한 도식의 이해 없이도 누구나 쉽게 이해할 수 있는 부분이다.

그러므로 단순하게 생각해 봐도 분양가 상한제가 조합원의 부담금을 크게 키웠을 거라 예측이 가능하다. 하지만 이보다 더 중요한 것은 계산적인 부분보다 심리적 영향이었다.

심리적 영향이 아니었다면 분양가 상한제는 일반인들에겐 오히려 분양을 저렴하게 받을 수 있는 기회였지만 현실에선 그렇지 않았다.

---

* **공공외택지** : 주택법에서 정의내린 표현으로 재개발 재건축 등을 비롯한 민간 공급 부문
** **비례율** : 재개발 재건축에서의 조합원간 수익 정산 방법

분양가 상한제가 일반분양가를 낮춰 조합원에게 불리하다는 결론은 반대로 일반분양자들에겐 유리하다는 결론으로 이어져야 옳았으며 이는 다시 분양 경쟁으로 이어졌어야 하는데 현실은 그렇지 않았다.

대부분의 재개발·재건축 등의 조합이 분양가 상한제로 인해 분양을 기피하였고 그로 인해 사업지연이 불가피하게 되었으며 일반인들은 몇몇 현장을 제외하곤 분양의 기회조차 없어지는 결과를 맞이하였다. 사업지연에 따른 부담은 조합원에게 돌아갔으며 이는 다시 투자자들의 재개발·재건축 투자 기피 현상으로 이어져 원주민의 자산 가치 하락으로 이어졌다. 이 모든 것이 심리적 영향이었다. 이는 다시 원가를 끌어 올리는 작용으로 사업에 반영될 수도 있는 노릇이다.

결국, 분양가 상한제가 악재인 이유는 적정한 분양가 산정에 의한 사업성 악화와 이에 따른 조합원의 수익 상실의 문제라기보다 사업의 속도 문제에 귀결되기 때문이다. 분양가 상한제가 재개발·재건축 등 구도심 개발 사업에 있어 가장 악재 요소임에 분명해지는 이유가 여기에 있다. 분양가의 문제도 문제지만, 분양을 시도하지 않는 그 자체가 더 문제이기 때문이다.

분양가 상한제가 폐지되면 반대 현상이 일어난다. 모든 조합은 서둘러 분양을 추진하게 되고 일반분양 물량도 상대적으로 많이 쏟아질 것이다. 그로 인해 원 조합원의 가치는 상승하게 되며 재개발·재건축의 거래가 활성화될 것이다.

하지만 문제는 또 다른 곳에 있다. 전체 물량 중 일반분양이 차지하는 비율이 너무 적다는 것이다. *지분 쪼개기의 영향으로 조합원의 수가 많아져 조합원들이 거의 대부분의 물량을 가져가기 때문인데 청약통장을 가진 이들이 속고 있는 부분이 바로 여기에 있다.

결국 분양가 상한제 폐지는 사업의 속도를 높여준다는 상징적 의미가 크다 하겠다. 2008년 이후 내리막길을 향해있었던 재개발·재건축 특히, 재개발 쪽에 힘이 실리는 상황이 2014년 전후 벌어질 것으로 예측된다. 하지만 이에 따른 일반분양자들의 혜택은 거의 없다 보이며 원조합원들의 이익만 증가되는 모습으로 전개될 가능성이 크다 하겠다.

이런 여러 상황이 동시에 움직여 진다면 결국 입지의 싸움으로 귀결될 것이다. 분양가 상한제가 폐지되는 공공외의 토지는 거의 대부분이 도시 내부, 사업성이 좋은 곳에 포진하여 있기 때문이다. 특히 서울 강남지역은 반등폭이 클 것이다. 투기성 자본이 어느 시점에 어떤 상품에 몰려들 가능성이 생긴다면 그리고 그 항목 중 큰 비중을 치지하는 것이 부동산이라면 그땐, 입지에 따라 그 폭이 크게 달라질 가능성이 높다.

명동이 아직도 지가를 크게 유지하는 이유이기도 하다.

---

* **지분 쪼개기** : 재개발·재건축에서 조합원 수를 늘려 사업성을 저해하는 행위의 통칭

➡️ 잠시 멈추었던 도시내부의 개발방향은 인프라의 부족을
초래했으며 이로인해 다시 크게 필요성으로 부각 될 것이다

2014년부터 도심 재생 개발론이 부상한다

2014년은 부동산, 그 중 도시계획에 있어 중요한 해가 될 것임에 분명하다. 2012년은 대선과 총선이 함께 있는 해였고 2014년은 서울시장을 비롯한 지방 자치단체장의 선거가 있게 된다. 또한 10년마다 수립해 왔던 도심 재생의 기본 밑그림도 다시 그려야 한다.

정치와 부동산은 상당히 밀접한 관계가 있다고 과거 사례를 보아도 알 수 있는데 세금, 대출 정책의 입안이 어떻게 흘러가느냐에 따라 부동산 투자의 방향 역시도 크게 달라졌음을 우리는 경험했다.

분양가 상한제에 대한 의견, 보금자리 주택에 대한 찬반, 전월세

상한제의 시행 여부에 따라 주변 부동산, 대상 부동산의 가격, 전세가는 움직일 수밖에 없다. 한때는 재건축의 활성화를 정책적으로 유도한 적도 있었으며, 또 한때는 재개발을 비롯한 뉴타운을 강조한 정권도 있었다. 누가 되느냐에 따라 부동산의 판도가 달라진다 하겠다.

1970년대 서울 집중 현상이 심화되던 시절, 몰려드는 인구로 인해 주택가격은 급등하였고 이와 함께 전세가(價) 역시 고공 행진의 연속이었던 시절이 있었다. 그 당시 폭등하는 주택 가격을 잡을 수 있는 방법은 새마을 운동을 통한 슬럼화 방지와 신규 주택 공급이었는데, 이때 영동 개발이라는 신도시 건설을 통해 현재의 강남 3구 개발이 본격화되게 된다.

이후 올림픽이 열린 1988년 전후로 하여 또다시 지가 상승과 전세가 폭등을 대한민국은 경험하게 되는데 이때 역시 해결 방법은 신규 주택을 대량으로 공급하는 것이었다. 그 당시 서둘러 공급한 것이 일산과 분당 등, 서울 외곽의 1기, 2기 신도시 건설이었다.

그 후로 주택문제가 불거질 때마다 논밭을 아파트로 바꾸어 신도시를 짓고 그를 통해 안정책을 강구하곤 했다. 그에 따른 투기 수요의 급증은 토지가격의 상승을 불러왔고 이를 막기 위한 정부의 대책도 줄지어 쏟아졌다

그러나 이제는 서울을 비롯한 도심 인근의 유효 택지 부족으로 인해 신도시 건설을 통한 주택 공급은 한계점에 다다랐다. 게다가 교통여건의 개선이 이루어지지 않는 이상 소비자들의 외곽 기피 현상은 더욱더 심해지고 있다. 너무 멀어 출퇴근이 불편하다 보니 직장

을 버리고 외곽으로 갈 수는 없는 노릇이기 때문이다. 지금 거의 대부분의 신도시가 미분양으로 몸살을 앓는 이유가 여기에 있다. 이에 마지막 남은 서울 인근 유효택지인 그린벨트를 풀고 아파트를 짓는 사태까지 벌어지게 된 것이다.

이를 통해 알 수 있듯 과거의 주택 공급은 도심지 개발이 아닌 외곽 건설 위주였다. 그러나 앞으로의 공급 방향은 달라질 수밖에 없다. 도심 외곽 택지의 부족으로 인해 불가항력이 되어 버렸고 이제 도심 내부에 있는 단독주거지를 비롯한 빌라 밀집촌들이 아파트 공급의 원천 재료 역할을 하게 되었다. 당연 투기수요는 직감하여 움직이고 있다. 단독이나 빌라 거래가 급증하는 이유이다.

그러나 아파트의 거래 규제는 한동안 계속될 가능성이 높다. 결과물인 아파트에 대한 규제는 재료가(價) 상승을 억제하는 유일한 방법이기 때문이다. 아파트를 규제해야 원재료인 단독 주택의 가격 상승을 억제할 수 있다는 의미이다. 그러나 단독주택 자체의 거래는 막기 힘들 것이다.

개발을 원하는 소유자들로 개편이 되어야 개발이 용이하기 때문이다. 이에 예측컨대, 아파트 거래는 규제하고 단독, 빌라의 거래는 활성화될 가능성이 높으며 이는 현재의 거래 동향을 보아도 충분히 알 수 있다. 과거 1970년대에 서울 인근의 논밭이 불타나게 팔렸던 것처럼 아파트의 재료역할을 하게 될 단독이나 빌라거래가 늘어날 가능성이 높다.

그러나 아파트 거래 규제가 가격을 꾸준히 안정시킬 수 있을지는 미지수다. 지나친 규제가 오히려 역효과로 시장에 반영되는 것을 우리는 2004년에서 2007년까지 목격해 보았기 때문이다.　서울 내부의 도심 노후도가 정점에 달하는 2018년에서 2020년까지가 새마을운동과 성격이 비슷한 뉴타운, 재개발 사업에 있어 가장 고비가 될 가능성이 높다.

서울시의 자료에 따르면 단독, 다가구 주택의 밀집지역이 2015년부터 개발 요건을 충족할 것으로 예측하고 있다.　이는 그만큼 개발 압력이 커지고 있음을 뜻한다.

현재는 복지 쪽 예산에 치중되어 예산을 도시개발에 쓰는 것을 안 좋은 방향으로 인식되고 있지만 결국 그런 시간이 쌓여 개발 압력을 더 크게 밀어 올릴 가능성이 높다.

게다가 경기가 나빠지면서 공급하지 못한 주택 물량과 시기를 같이 하여 다시 상승장을 유도할 가능성도 높다.　서울시 자료에 따르면 부동산 경기가 좋을 때 아파트 등을 비롯한 주택 공급 물량이 현격히 증가하며 이는 일시적인 공급 과잉을 초래하고, 다시 해당 지역

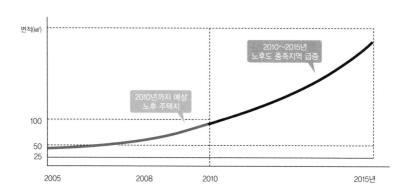

노후도 변화 추이

의 가격 하락을 부추긴다라고 해석하고 있다. 다시 해석하면 불경기 때 침체된 건설경기가 공급 물량 자체를 줄여서 다시 가격 상승의 요인이 될 수 있음을 나타낸다. 그 시기가 지금까지 이야기한 여러 가지 현상으로 볼 때 2014년이 될 가능성이 높다. 이때부터 그 동안 복지쪽 예산에 밀려 투자하지 못했던 부작용과 경기의 하락으로 도시 내부에 공급하지 못한 주택수의 부족, 슬럼화에 따른 실질 사용 주택의 감소 등의 영향이 한꺼번에 맞물리며 다시 개발론을 부상시킬 가능성이 있는 것이다.

전국 주택가격 순환주기

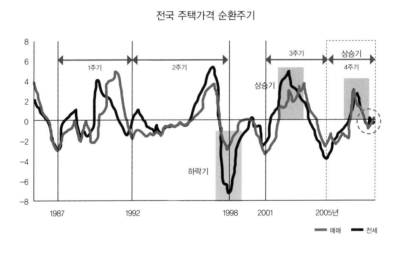

PART 08

주식은 어떻게 되어갈까

- 지난 5년간의 Data를 보면 실질적인 시장의
  펀드 수익률이 좋지는 않다

- 주식은 수익률이 낮아질 것이다! 하지만 5년 이상
  장기적인 소액투자는 권장

- 단기수익률은 채권이 10년 장기수익률은 주식이 높다.

→

수익률은 물가상승률 보다 높고, 예금금리 보다 많아야 한다

지난 5년간의 Data를 보면 실질적인 시장의 펀드 수익률이 좋지는 않다.

최근 들어 주식으로 돈을 좀 벌었다는 사람의 이야기를 듣기 힘들다. 전체적인 시장 경기가 안 좋아서 그럴 것이다. 하지만 예전도 아닌 불과 5년 전 워렌버핏 이상의 수익률을 올린다던 그들, 각종 경제신문 경제면에 가장 크게 있던 기사들, 수익률 1,000%등 무슨 보살 뭐 이런 광고들을 보았을 것이다. 주식투자에 보살이 왜 나오는지는 모르겠지만 대세 상승기에는 누가 얼마에 투자해서 얼마를 벌었다라는 말들이 난무 할 때 특히 이런 문구에 현혹되기 십상이다. 그 당시엔 어디에 투자해도 이익은 조금씩 나기 때문이다. 설령 물가대비 순

수익이 나지 않더라도 가격은 조금이라도 올라있기 때문이다.

　재테크 및 자산 증식의 가장 정석이라고 하는 것은 결국 인플레이션 물가와 금리의 싸움이라고 할 수 있다. 주식과 기타 자산들의 가격이 오르더라도 물가 상승률만큼 오르지 않으면 실질적인 이익이라고 할 수가 없고 시장의 예금 금리보다 수익률이 낮은 상황이면 굳이 위험자산에 현금을 묻어둘 필요가 없기 때문이다.

　수익률은 물가 상승률보다는 높고, 최소한 예금 금리보다는 많아야 된다라는 기본 가정을 하고 있으며 주식 및 펀드에 투자를 하는 사람들은 최소한 이러한 믿음을 가지고 있다. 또한 이 수익률 논리의 가장 밑 바닥에는 당연히 원금 정도는 보장 될 것이라는 믿음이 있는 것이다.

　현재 펀드에 가입하고 실제로 불입하고 있는 사람에게 질문을 해봤다. 2007년도 가입한 이 펀드가 현재 수익률이 어느 정도이고 원금의 보장이 되지 않는 것을 알고 계신지? 수익률은 정확하게 가입 시점에서 얼마인지는 모르고 있고 원금보장은 3년 이상 장기 투자만 하면 원금이 되는 것으로 알고 있다고 하였다. 그 이유로는 펀드를 가입할 때 항상 장기투자를 권유하면서 장기로 투자 할수록 리스크 분산효과로 인하여 원금은 당연히 보장이 된다라는 말을 믿고 가입하였다는 것이다.

　하지만 일반 투자자들이 피부로 느끼는 결과는 좀 다를 것이다.

뉴스에서는 금융위기로 인하여 펀드들이 반 토막이 났다고 하지만 기관에서는 벤치마킹지수 대비 우리펀드가 수익률이 좋다고 한다. 현재 펀드가 계좌설정 이후에는 전체적으로 수익이 나고 있다라는 것이다.

도대체 그 벤치마킹 지수는 어떤 것이며 6개월 전에 가입한 나에게 왜 이전 3년간의 수익률을 말하는 것일까? 라는 물음이 간다.

기관이 아닌 개인은 간접투자 펀드 가입 시 좋은 펀드를 선택하는 능력이 떨어지며 그 투자자금이 앞으로 스마트 머니 (미래의 투자수익) 으로 가는 것이 불가능하다는 이야기가 된다.

〈황승규 한국증권금융 "국내 투자자의 펀드선정 능력에 관한 연구" 2009. 10. 08〉에서 어느 정도 틀린 생각이 아니었다라는 입증을 해주고 있다. 펀드투자자의 펀드 선정능력의 우수한 정도를 분석하기 위하여 소위 말하는 시장의 인기 펀드와 비인기 펀드를 비교분석을 하였으나 시장의 인기펀드가 비인기펀드에 비하여 수익률 면의 성과가 낮게 나타나고 있으며 이는 펀드 투자자가 시장과는 비대칭적 정보를 활용하고 있거나 펀드 매니저의 운영역량보다는 광고나 펀드판매자 창구 직원들의 권유 등에 의하여 선택을 하는 경우가 많기 때문이라 말하고 있다. 또한 그렇게 선택을 한 펀드들은 스마트머니 효과에 대한 어떠한 증거도 찾지를 못하였고 신규자금의 초과 수익은 발견되지 않는 결과를 보여주고 있다.

이렇게 개인 투자자들은 정보의 비대칭 및 기관의 잘못된 권유로 인한 투자로 스마트 머니 즉 중기로 수익을 만들기 힘든 결과를 초래하고 있다. 급기야 미국의 금융위기 여파, 전세계적인 장기 침체로 인하여 2013년 경기성장 또한 밝지만은 않은 상황이다. 분산차원에서 적립식 펀드를 가입한다 하여도 원하는 기대수익률을 만들어내기는 더욱더 힘들 것이다.

➡ 주식 투자는 항상 길게보고 소액으로 하여야 한다.

주식은 수익률이 낮아질 것이다! 하지만 5년 이상 장기적인 소액투자는 권장.

주식에 관한 암울한 이야기들을 하였으나 조금 더 장기적이고 거시적인 관점으로 주식시장을 바라보라고 권하고 싶다. 그럼 나 자신에게 물어보자! 과연 주식시장은 앞으로 더 커질 것인가? 아니면 점점 줄어들 것인가? 앞으로 세월이 갈수록 개인자산의 구조는 부동산의 자산을 줄이고 금융자산으로 옮겨 갈 것인가? 부동산 자산을 더욱 키울 것인가?

전문가들을 떠나서 일반 투자자들 10명 중에 9명은 주식시장이 현재 시장보다는 커질 것이며 부동산자산을 줄이고 금융자산을 늘리는 방향으로 갈 것이라는 것은 쉽게 예상할 수 있다. 현재 가계자산 중 금융자산 비중은 20% 정도로 미국이나 선진국의 40~60% 보다 낮은 수준이지만 2002년 금융자산 1,000조를 넘어서고 나서 매년 10%정도의 성장세를 보여주고 있다. 특히 금융 자산 중 예금자산의 규모는 줄어드는 반면 펀드나 연금형식의 간접투자 비중이 점차 증가하고 있는 실정이다.

가계자산의 구조변화에 따른 금융시장, 그 중 주식시장의 성장이 커질 것으로 예상되는 이유 중 또 다른 하나는 저성장의 시대로 진입할수록 국민연금 등 기관들이 주식과 같은 위험자산으로 투자 비중을 높여 가고 있다라는 데에 있다.

전 세계 4대 자산운용을 하고 있는 대표적인 기관인 국민연금은 2012년 전체운용 385조원 중 국내주식에 70조원을, 2013년 말까지 운용규모를 86조원인 22.47%를 추가로 투입하여 운영할 예정이라고 발표하였다.

또한 2011년 제 3차 국민연금 기금운용위원회에서는 2016년 까지 주식투자비중을 30% 수준까지 늘리겠다는 자산 배분 안을 의결하였다.

실제 미국의 퇴직연금 사례를 보면 1978년 법개정으로 인하여 자산의 60%를 위험자산인 주식에 투자할 수 있게 함으로써 미국증시가 35년간 2000포인트의 영역을 깨고 상승하기 시작하였다.

다른 자산들보다 보수적으로 운영되는 연기금과 퇴직연금의 특성상 시장보다 앞서서 공격적으로 투자를 하기 때문에 시장에 유동성을 공급한다는 측면에서는 대세상승이 왔을 때 증시상승을 받쳐줄 거라는 확신이 든다.

이렇듯 주식시장은 현재는 경기침체의 영향에 있지만 장기적인 거시 측면은 기관과 가계의 공격형 주식 투자의 비중확대와 금융자산 구조의 확대를 통하여 성장가두를 달릴 것이다.

개인 투자자들이 수익률이 좋지 못한 가장 큰 이유중의 하나가 환매의 타이밍을 잡지 못할 때가 많아서이다. 투자하고 선택했지만 시장의 작은 침체에 놀라서 환매하는 펀드들이 대부분일 것이다.

이렇게 손해를 보고서라도 환매를 강행하는 이유는 펀드들에 불입하는 금액이 조금 부담스럽게 느껴서 일수도 있다. 이는 경기침체의 마이너스 수익률을 견디지 못하는 심리적인 요인과 기타 비용들을 줄이지 못하여 금융자산을 해약하여 충당하는 결과를 초래하기 때문이다.

최근 들어 전세가격이 올라 은행에 대출을 해서 전세금을 메우고 나면 부담해야 될 이자가 높아지며 가계비용 지출이 높아진다. 이순간 사람들은 비용을 줄이기 위한 방법들을 고민하기 시작하며 필요 없는 부문들을 줄이기 시작한다. 이때 첫 번째 대상은 자녀들의 교육비 보다는 내가 지출하고 있는 펀드나 보험금액을 줄일 수 있는 방법들을 선택하게 되는 것이다. 이렇게 심리를 이기지 못하고 생각하지 못한 부문의 비용지출을 줄일 수 없을 경우에는 차라리 없어도 될 만큼의 소액 투자를 자동이체로 잊어버리고 6개월에서 1년에 두 번 정도로만 수익률 확인을 하는 정도로 5년 이상 장기투자로 가져가는 것이 좋다.

→

주식과 채권은 금리와 인플레이션의 영향을
받을 수 밖에 없다.

단기수익률은 채권이 10년 장기수익률은 주식이 높다.

앞에서 지출에 관하여 신경쓰지 않아도 되는 소액으로 꾸준히 5
년 이상 투자하는 것을 주장하였다. 그렇다면 무조건 이 간단한 두
가지 공식을 가지고 아무런 전략없이 투자를 하면 되나? 라는 의문
이 든다. 결국 장기투자를 위한 장기보유는 크게 도움이 되지 않는
가? 장기투자가 정답이 아니라면 어떤 상품으로 수익률의 기준을 삼
아야 될까? 라는 의문들이 든다. 이럴 때 시장에서 흔히들 쓰는 채
권수익률과 주식수익률을 비교해봄으로써 주식가격이 상대적으로
떨어졌고 올랐다는 기준을 제시할 수 있으며 상대적 가치에 따라 현

재 상황에 맞는 기간별 투자 수익률도 제시할 수 있다.

이 책의 앞 부문에 제태크의 기준은 인플레이션과 금리라는 이야기를 하였다. 중요하다는 이유는 어떤 선택의 판단을 함에 있어서 기준이 되기 때문이다. 내가 투자하는 금융상품의 예금금리보다 낮은데 위험을 무릅쓰고 투자를 감행할 필요가 없으며 최소 실질이익이 물가상승률 보다는 높았으면 하는 기준을 제공해 주기 때문이다.

주식과 채권도 마찬가지이다. 현재 시장에는 주식과 채권이라는 대표적인 자산이 있으며 이 둘의 관계는 금리와 인플레이션과 같다. 위험을 무릅쓰고 주식에 투자를 하고 있으나 채권보다 실질적인 수익이 떨어졌다면 굳이 주식에 투자할 필요를 못 느낄 것이다.

우리투자증권의 자료에 따르면 최근 1년간의 투자수익률은 주식보다 채권이 앞섰으나 5년 이상 10년 정도의 장기 투자 수익률을 보면 주식이 채권의 수익률을 월등히 앞선 것으로 나타났다.

기간별로는 12월 기준 최근 1년간 종합채권지수가 6.25% 상승하였으나 종합주가지수는 4.26% 으로 채권투자 수익률이 더 높았다.

3년 중기의 투자는 주식은 연평균 7.51%, 채권은 6.17%로 반대로 주식의 수익률이 높기 시작한다.

10년간의 주식과 채권의 수익률 차이는 10.3%, 5.72%로 주식의 수익률이 채권의 두 배 가까운 수익률을 자랑한다. 물론 이런 데이터의 이면에는 2000년대의 유동성을 바탕으로 골디락스(저금리 활황)를 통하여 낮은 물가 상승률 저금리를 이루어 채권보다는 주식의 수익률이 훨씬 높은 이유도 있었다고 쉽게 추론해 볼 수도 있다.

　국제적인 경기가 어려워지고 한국은행의 금리인하가 몇 차례 가능하다는 가정하에는 채권에 관한 예상 수익률이 주식보다는 단기적으로 높을 수 는 있으나 현재 2.75% 정도로 미국, 일본과 같은 제로금리에 비하여 아직 하락의 여력은 조금 있다라고 볼 수 있다.

　물가의 상승률이 4.5%인데, 이는 최근 1년간 한국은행의 금리인하의 역할이 컸으나 물가 상승률 4.5%를 반영한 실질금리로는 마이너스로 채권의 수익률도 좋지 안을 것을 예상하여 수익률 대비 위험자산인 주식투자 선호현상이 조금씩 높아지고 있다. 역사적으로도 일본과 미국 같은 경우에는 저금리 시대에는 주식시장 투자선호도 현상이 높았던 것이다.

PART 09

인플레이션 그 후엔 어떤일이

인플레이션 그 후엔 어떤일이

이 책을 지금껏 다 읽은 독자들은 인플레이션과 디플레이션이라는 것이 어떤 의미인지 이해하였을 것이다. 또한 통화량의 증가에 따른 물가의 상승과 통화량 감소에 따른 디플레이션의 영향에 대하여도 어느 정도 이해하였을 것이다.

자본주의가 탄생하고 지금까지 있었던 그 동안의 큰 경기침체와 위기들은 결국 인플레이션은 디플레이션의 결과물이며 디플레이션은 인플레이션의 결과물임을 보여준다. 자산 시장은 상승과 하락의 반복되는 패턴을 보여줄 수 밖에 없기 때문이다.

경기침체라는 위기에서 벗어나기 위하여 통화를 발행하고 이를 통하여 신용화폐를 제 창조해 왔다. 또한 이렇게 풀린 유동성이 시장의 특정 자산 또는 산업에 몰림으로써 버블의 생성과 붕괴가 반복적으로 이루어져 왔다.

이러한 인플레이션과 디플레이션 안에서 모든 자산은 상승과 하락을 반복하는 하나의 사이클(Cycle)로 존재한다. 이러한 현상이 언제부터 시작되었는지는 정확히 알 수 없지만 오랜 시간 자본주의 시장에 꾸준히 나타나는 현상임에 틀림없다.

최근 2000년대 이후로 그 사이클의 진폭이 점점 더 커지는 것은 매우 걱정되는 점 중에 하나이다. 기축통화라는 지위를 이용하여 하염없이 달러를 공급하는 미국과 그 유동성을 바탕으로 금융기법이라는 기술들이 신용팽창을 더욱 가속화시킴으로써 시장의 변동성이 더욱 커졌다. 즉, 급격한 신용팽창으로 인한 인플레이션만큼 디플레이션의 고통이 깊고 오래 간다는 점이다.

전세계의 경기 침체로 인하여 미국, 유럽을 포함한 선진국들의 중앙은행들이 저금리 및 재정 정책을 통하여 경기를 부양하는 방법을 쓰고 있다. 이는 새로운 거품을 이용하여 기존의 거품을 덮으려는 행동이 반복적으로 경기침체마다 발생하는 악영향을 낳는다.

이러한 변동성이 꼭 만인에게 피해로만 다가오는 것은 아니다. 이러한 변동성안에서 인플레이션과 디플레이션의 시간차를 이용하여 부의 전환을 꽤 하여 성공한 사람들이 많이 나타나고 있다라는 것도 우리는 주목해야 한다.

그렇다면 여기서 분명히 이러한 물음을 가질 수 있다.

지금은 어떤 상황이며,

앞으로 발생할 또 다른 상황은 도대체 언제, 어떻게 발생한다는 건가?

결국 개인들의 재테크 관점에서 접근하면 디플레이션 시기에는 앞으로 다가올 인플레이션을 대비하여 저 평가 자산들을 매입할 수 있는 적기이기도 하다. 인플레이션 기간에는 높은 금리와 금융자산을 이용하여 부를 축적하고 디플레이션 기간에는 저 평가된 실물자산을 구매함으로써 이 거대한 자본구조 안에서 살아남는 법을 배우는 것이다.

마치, 한 여름에 유행을 타지 않는 질 좋은 모피코트를 싼 값에 구매하는 효과를 즐긴다 라고 생각하면 되겠다.

현재도 진행 중인 미국 발 금융위기와 유럽의 재정위기를 막기 위해 거대한 유동성을 주입을 했으며 자본주의 역사에서 관행이 그러하듯이 이 유동성을 바탕으로 또 한번의 거대한 인플레이션을 맞을 것이라는 것을 설명하고 싶었다.

현재 많은 전문가들이 인플레이션의 징조를 감지하고 있지만 불확실성이라는 이유로 조심스럽게 예의주시하고 있다. 하지만 이 책은 좀 더 멀리 내다보고 싶었다.

앞으로 다가올 인플레이션 뒤의 침체기가 더욱 무섭게 느껴질 수도 있다. 역사상 찾아보기 힘들 정도의 유동성 공급으로 인하여 인플레가 발생하고 또다시 디플레이션이 찾아온다면 재앙에 가까운 힘든 시기가 될 수도 있기 때문이다. 어쩌면 자본주의 역사를 다시 써야 되는 시점이 그때는 올 수도 있겠다는 불안이 든다.

유동성의 마지노선인 금리를 0%로 하여도 진작을 보이지 않는 경기, 통화량을 공급해도 실물로 흘러가지 않고 그저 이전의 빚을 갚기에 급급한 가계, 유동성이 공급될수록 깊어만 가는 빈익빈 부익

부, 그 다음의 경기침체 후에는 반드시 그 동안 미루어 놓은 숙제를 풀어야 할 시기가 올 것이다.

가장 중요한 문제인 인플레이션이 발생한다면 언제 본격적으로 발생을 할 것인지 어떠한 자산에 투자를 해야 할 것인지가 관건인데 이 책에서는 2014년 말에서 2018년 사이에 인플레이션의 기간이 전세계적으로 한번 찾아 올 것으로 제시하였다.

하지만 이 책을 읽은 독자들은 또 한번의 물음을 더 가질 것이다.

'그래서 어떡하라고?'

하지만 섣부른 결정을 내려야 할 만큼 절박한 시기는 아직 아닌 듯 하다. 이번 책의 목적은 사이클 분석을 통한 실물 자산의 방향성과 그 판단의 기준을 제시하는데 있었다. 실물자산 중 현재 가계의 자산구조에서 가장 많은 비율을 차지하고 있는 부동산을 예시로 많은 부문을 설명하는 것에 포커스를 맞추었다.

이러한 유동성이 앞으로 어떠한 형태로 부동산과 같은 실물자산에 투자될 것인지? 그렇다면 그 중에서도 어떤 상품들이 그때의 시장에서 가치 상승될 확률이 높은지에 관하여 조금 자세히 다루어 보고 싶지만 이번 책은 방향성만 짚는 것으로 아쉽게도 마무리하려 한다. 방향성에 대한 예측이 어느 정도 맞아 떨어지는 순간이 오면 그때 후속작을 준비하여 구체적인 상품을 분석하고 새롭게 독자들과 다시 만남을 가져보고 싶다.

참고문헌

1. 한국은행 (2012), 〈금융안정보고서〉

2. 한국은행 (2012.9), 〈통화지표의 유용성 분석과 시사점〉

3. Mohamed El-Erian(2009), 〈When Markets Collide: Investement Strategies for the Age of Global Economic Change〉, McGraw-Hill

4. David Skarica (2011), 〈The Great Super Cycle: Profit from the Coming Inflation Tidal Wave and Dollar Devaluation〉

5. Zhao Xiao & Chen Guanglei (2011), 〈Inflationary Economy Coming〉, Ponenix World Publishing (Beijing) Co., Ltd.

6. Deniz Igan and Prakash Loungani (2012. 8), 〈Global Housing Cycles〉, IMF Working Paper, Research Department.

7. 정영식(201.5.18), 〈글로벌 유동성 리스크 진단과 시사점〉, SERI 리포트, 삼성경제연구소.

8. 윤경수. 김지현 (2012. 9), 〈글로벌 유동성이 신흥국으로의 자본이동에 미치는 영향과 시사점〉, BOK경제리뷰, 한국은행.

9. 통계청 (2011), 〈2011 가계금융. 복지조사 결과〉

10. 김진성 (2012. 6), 〈가계부채 고위험군 분석〉, KB금융지주경영연구소.

11. 강종구. 전태용 외 1명 (2012.11), 〈인구구조 변화와 금융안정간 관계〉, BOK 경제리뷰, 한국은행

12. World Economic Outlook (2008. 4), 〈Housing and the Business Cycle〉, IMF: International Moneytary Fund.

13. Prakash Loungani (2012.1.12), 〈Will House Prices Keep Falling?〉, IMF survey magazine, IMF: International Moneytary Fund.

14. 박종규 (2006.11.25), 〈부동산 버블 붕괴와 장기침체: 일본의 경험과 시사점〉, 금융포커스 15권 46호, 한국금융연구원.

15. 정부섭 (2012.11.20), 〈글로벌 자본의 신흥국 유입과 투자〉, SERI Report, 삼성경제연구소.

16. 박종규 (2007. 9), 〈일본의 장기침체와 회생과정: 한국경제에 대한 시사점〉, 한국금융연구원

17. 국민일보, 2010년 5월 3일자

18. 매일경제, 2012 6월 25일자.

19. 국토해양부(2011), 〈2011년 신 및 종전 주택보급률(추계)〉

20. 〈주택저당증권(MBS)의 이해와 발행 현황〉, KB 지식비타민 12-61호, KB금융지주경영연구소.

21. 고성수 (2011.5), 〈국내 부동산가격변동이 은행권에 미치는 영향분석〉, 건국대학교 연구자료.

22. 유이용, 황승규(2010. 8), 〈국내 펀드투자자의 펀드선정능력에 관한 연구〉, 재무연구 제23권 제3호, 한국재무학회

23. 매일경제신문, 2012 7월 24일자.

24. 매경이코노미, 1683호.

25. www.cycleprooutlook.com/Charts/SP500/Outlook_091116.htm 참조